ZEHN HYPNOSEN 2.0

BAND 101

HEISSHUNGERANFÄLLE, ESSATTACKEN

D1677595

IMPRESSUM

Wichtige Hinweise zur dringenden Beachtung: Die Inhalte dieses Buches beruhen auf den praktischen Erfahrungen des Autors mit Hypnoseanwendungen und Psychotherapie im Zustand der Trance. Obwohl sich der Autor um größtmögliche Sorgfalt bemüht hat, können Fehler oder Missverständnisse in der Darstellung nicht vollkommen ausgeschlossen werden. Die therapeutische Arbeit mit Menschen sowie die Anwendung der Hypnose obliegen ausschließlich der Verantwortung des Hypnotiseurs. Es kann nicht ausgeschlossen werden, dass Teile dieses Buches falsch verstanden werden oder die Anwendung eines vorgestellten Verfahrens eine ungewünschte Reaktion beim Klienten bewirken kann. Eine Mitverantwortung des Autors besteht auch dann nicht, wenn unter Hinweis auf die Ausführungen dieses Buches mit einem Klienten gearbeitet wird.

Der Autor: Ingo Michael Simon studierte Psychologie und Pädagogik und ist Hypnosetherapeut mit Praxistätigkeiten in Südwestdeutschland und in der Schweiz. Mit Hilfe hypnosegestützter Psychotherapie behandelt er vor allem Menschen mit anhaltenden psychischen Leiden. Angststörungen, pathologische Zwänge und psychosomatische Erkrankungen bilden den Schwerpunkt seiner Praxistätigkeit. Zu seinen therapeutischen Angeboten gehören hauptsächlich klassische und moderne Hypnoseanwendungen und die von ihm selbst entwickelte Traumlandtherapie.

Inhaltsverzeichnis

Das Baukastensystem 2.0

Die Reihe *Zehn Hypnosen* ist inzwischen als Textsammlung mit modularem Aufbau sehr bekannt und hat sich zum meist gelesenen Anwendermanual der Branche entwickelt. Seit Erscheinen des ersten Bandes gab es einige Updates und Neuerungen, da ich stets daran arbeite, die Texte möglichst praxisnah und zu den Bedürfnissen der Anwender passend zu schreiben. Der modernen Sprache geschuldet heißt die Reihe daher ab sofort *Zehn Hypnosen 2.0*, was bedeutet, dass das Baukastensystem der neuen Bände eine wesentliche Neuerung enthält.

Jetzt gibt es nämlich zu jeder Hypnose einige weitere Textbausteine zur Ergänzung, Abwandlung und Individualisierung. Bisher waren alle Texte so geschrieben, dass sehr leicht einzelnen Passagen oder Sätze ergänzt oder verändert werden konnten. Das wird auch weiterhin so sein und es ist notwendig. Denn ein fertiger Text kann nicht wirklich auf alle Klienten passen. Viele konstruktive Rückmeldungen der Leserinnen und Leser haben gleichzeitig den Wunsch gezeigt, etwas Unterstützung beim Abwandeln der Texte zu erhalten. Ich habe mich daher dazu entschlossen, jedem Hauptteiltext einige Textbausteine, Begriffe oder Suggestionen zu ergänzen, die ganz einfach an einer im Text markierten Stelle wahlweise verwenden können. Damit sind es dann nicht mehr zehn Hauptteile, sondern ohne eigenen Schreibaufwand der Leserinnen und Leser mindestens dreißig. Sie werden daher in den Hauptteilen häufig Passagen lesen, die eingerahmt sind von der Kennzeichnung +++ **Variante 1** +++ bis zur Markierung +++ **Ende Variante 1** +++. Diese Passagen können Sie ganz normal mitlesen und mitsprechen bei Ihren Hypnosen. Sie können diese Textpassagen aber auch gegen einen der beiden direkt darauf folgenden Alternativbausteine austauschen und damit den Inhalt und Schwerpunkt der Hypnose variieren. Die jeweiligen Alternativbausteine werden entsprechend eingerahmt von den Kennzeichnungen +++ **Variante 2** +++ und +++ **Ende Variante 2** +++. Ganz einfach! So brauchen Sie nicht zwischen verschiedenen Seiten des Buches hin und her zu springen. So können Sie aus einer Hypnose dieses Buches mehrere Sitzungen machen oder die beste Variante für Ihren Klienten finden. Und falls sie selbst etwas formulieren wollen, lohnt es sich (aus meiner Sicht) am meisten, genau diese Passagen zu individualisieren.

Die Hauptteile – und auf die kommt es am allermeisten an – werden also viel umfangreicher und flexibler. Die übrigen Bausteine, von der Einleitung bis zur Ausleitung, habe ich ebenfalls verändert. Bislang gab es immer je drei zur Auswahl. Die Erfahrung zeigt inzwischen, dass die meisten Hypnotiseure ihre bevorzugten Texte für diese Teile haben und gar nicht so viel Auswahl suchen. Hier kommt es auch unweigerlich zu Wiederholungen, da bei aller Kreativität nicht wirklich einige hundert verschiedene Einleitungen möglich sind. Jedenfalls nicht so, dass jede Einleitung sehr originell und neuartig wäre. Daher habe ich mich dazu entschlossen, in jedem Band jeweils nur eine Variante für die Hypnoseteile um den Hauptteil herum zu schreiben. Ich bin mir sicher, dass die Anwenderinnen und Anwender der Texte mehr davon profitieren, noch flexiblere Hauptteile mit zusätzlichen Textbausteinen zur Verfügung zu haben. Und genau das bietet Ihnen die neue Variante *Zehn Hypnosen 2.0* als einzige Buchreihe bzw. Textsammlung. Ein weiteres Highlight sind neue Hypnosetechniken, die in den früheren

Bänden noch nicht vorkamen. Davon werden Sie im Zuge der Reihe noch einige kennen lernen. Der Aufbau und Ablauf einer Hypnose wird von verschiedenen Autoren und Ausbildern unterschiedlich beschrieben, wobei die meisten jedoch der gleichen Grundidee folgen. Ich bevorzuge nicht nur einfache Abläufe, sondern auch nachvollziehbare Gliederungen und unterscheide in dieser Buchreihe daher sieben Schritte einer Hypnosesitzung. Für jeden Schritt gibt es Textvorlagen, die nach Belieben miteinander kombiniert werden können. Ich habe diesen Aufbau gewählt, um trotz fertiger Vorlagen auch Raum für Individualität zu lassen. So ist es mit der Zeit oder für fortgeschrittene Hypnotiseure auch leichter möglich, eigene Texte und Formulierungen zu verwenden und nur den Hauptteil für die jeweilige Sitzung diesem Buch zu entnehmen. Ich unterscheide folgende Schritte einer Hypnose:

1. Einleitung der Trance (Induktion)
2. Vertiefung der Trance
3. Förderung der Veränderungsbereitschaft (Compliance)
4. Hauptteil (Therapieteil, Anwendungsteil)
5. Stabilisierungsphase, Festigung
6. Übergang zur Ausleitung
7. Ausleitung der Trance

Die Punkte in den Texten ... ... unterbrechen ... ... den ... ... Lesefluss und zwingen zu Pausen bzw. zum langsamen Lesen, was meistens viel schwieriger ist als langsames Freisprechen.

Ich möchte an dieser Stelle noch darauf hinweisen, dass Bücher keine Therapien ersetzen können. Zu einer Psychotherapie oder einer anderen therapeutischen Behandlung gehört selbstverständlich mehr. Eine sorgsame Diagnostik ist die notwendige Entscheidungsgrundlage für den Einsatz der Mittel, also auch dafür, ob Hypnose oder einer meiner Texte zur Anwendung kommen mag. Doch auch in diesem Fall gehören Vorgespräche, Nachgespräche während der Sitzung und natürlich ein therapeutisches Konzept der Sitzungsfolge und inhaltlichen Vorgehensweise zu einer Therapie. Das kann und will ich nicht mit einer Textsammlung leisten.

Ich hoffe, dass das neue Konzept auch für Ihre Praxis besser geeignet ist als das frühere, das hierdurch nicht schlecht geworden ist. Ich jedenfalls wünsche Ihnen sehr viel Erfolg mit Ihrer Arbeit und freue mich, wenn ich mit meinen Textvorlagen einen kleinen Beitrag dazu leisten darf.

Ingo Michael Simon

Einleitung

… … Schließ deine Augen und konzentriere dich auf meine Stimme … … Du kannst mich gut hören und klar und deutlich verstehen … … So ist es jetzt und so bleibt es die ganze Zeit über … … Alles andere wird immer bedeutungsloser … … Jetzt kommt es nur auf deine Entspannung an, denn in einer angenehmen Entspannung kannst du deine Ziele am besten erreichen … … sogar schneller und besser als du denkst … …

… … Achte auf deine Atmung und lass deinen Atem bewusst fließen … … Dabei kannst du spüren, dass dein Oberkörper sich bewegt … … Er hebt sich etwas beim Einatmen und er sinkt etwas tiefer beim Ausatmen … … So bringt dich deine Atmung von selbst und ganz sicher in eine tiefe und angenehme Entspannung, weil du auch innerlich beim Ausatmen tiefer gehst, in eine tiefe und wunderschöne Ruhe sinkst bei jedem Ausatmen … … *[und jetzt bitte immer nur beim Ausatmen des Klienten sprechen]* … … tiefer … … und tiefer … … Es geht ganz von selbst … … Es wird ruhiger in dir … … Du lässt los … … Du lässt ganz und gar los … … Du vertraust der Entspannung … … Du genießt die Entspannung … … Du gehst tiefer in diesen wunderschönen Zustand der tiefen Entspannung … … viel tiefer … … noch tiefer … … mit jedem Ausatmen tiefer … … genau so … … ganz genau so … … ganz tief … …

Vertiefung

… … Nun sinke immer tiefer in die Ruhe und Entspannung, die du spürst … … immer tiefer … … Das ist ganz einfach, denn nichts ist schöner als einfach auszuruhen und im ruhigen Zustand zu verharren … … und mit einem einfachen Bild aus der Natur kannst du sehr schnell entspannen … …

… … Stell dir einen Wassertropfen auf einem Blatt an einem Baum vor … … vielleicht ein Apfelbaum und auf einem dicken, grünen Blatt sitzt ein Wassertropfen, der langsam über das Blatt rollt … … Folge diesem Tropfen mit deinem inneren Blick … … Er rollt ganz langsam über das Blatt und drückt es sanft nach unten … … Er rutscht tiefer und tiefer und erreicht das untere Ende des Blattes … … Der Tropfen hängt nun am Blatt und zieht es nach unten … … und bald schon wird er loslassen und ganz in die Tiefe fallen, sanft und sicher … … und dann löst sich der Tropfen vom Blatt und in Zeitlupe, ganz langsam, fällt er zu Boden … … sinkt in Zeitlupe tiefer und tiefer, dem weichen Boden entgegen … …

… … Und schließlich erreicht der Tropfen den weichen Boden unter dem Baum und versinkt im weichen Boden … … löst sich in der Tiefe auf … …

Compliance

… … Du hast ein Ziel … … Du willst Selbstbewusstsein aufbauen und die Essanfälle stoppen … … Beides ist eng miteinander verknüpft … … Selbstbewusstsein und Selbstkontrolle … … Es kommt also zunächst vor allem auf Selbstbewusstsein an, auf echtes Selbstbewusstsein, also immer sicher zu sein, dass du weißt, was für dich gut ist und dir selbst zu erlauben, genau das auch umzusetzen und durchzusetzen … … Dein Körper hilft dir dabei, denn dein Körper fühlt, was tief in deinen Emotionen liegt und er zeigt es dir immer … … Wenn dein Körper entspannt ist, spürst du dein Selbstbewusstsein am besten, denn es liegt bereits in dir … …Du bist jetzt so tief entspannt, dass du vor dich hin träumst und in deinen Gedanken treibst … … Selbst dann, wenn dein Körper sich träge anfühlen sollte und schwer, ist es doch so, dass du in deinen Gedanken und in deinem Gefühl träumen kannst und in deinen Träumen bist du schwerelos und frei … … und in dieser Freiheit spürst du auch deine eigene Kraft, dein Selbstbewusstsein … … Fokussiere dich also jetzt auf das Gefühl der Entspannung und Freiheit, dann erreichst du deine Ziele am schnellsten … …

Hauptteil 1

Narrative Hypnose

Eine narrative Hypnose hat einen „erzählenden" Stil. Es handelt sich aber nicht um eine Geschichte oder um ein Märchen oder eine Fantasiereise. Der Therapeut geht so vor, dass er wie ein Beobachter oder eben Erzähler von außen auf das Thema des Klienten schaut und diesem davon „erzählt". Hierbei ist wichtig, die Erfahrungen und Erlebnisse aus der subjektiven Sicht des Klienten zu beleuchten und für ihn zu rekapitulieren. Der Klient macht die Erfahrung, dass er auf Verständnis für seine Schwierigkeiten und für seine Themen trifft. Es geht also nicht so sehr um innere Führung zu neuen Perspektiven, sondern zunächst einmal um das Akzeptieren und Würdigen des bisherigen Weges. In einem zweiten Teil der Hypnose steht dann die Selbstvergebung und das Selbstannehmen im Mittelpunkt und schließlich im dritten Teil ein Pakt, den der Klient mit sich selbst schließt, um nun neue Wege gehen zu können. Narrative Hypnosen können zu allen Themen formuliert werden. Besonders eignen sie sich jedoch als erste Hypnose, vor allem bei sehr sensiblen und schambesetzten Themen. Für Traditionalisten wirken diese Hypnosen oft wenig typisch für hypnotische Arbeit. Wie meine Leser wissen, bin ich ein Freund der Verwendung sowohl traditioneller Techniken als auch sehr moderner und auch ungewöhnlicher Methoden. Die narrative Hypnose habe ich in meiner Praxis entwickelt und mit großem Erfolg als erste Hypnose in nahezu alle Klientenkontakte eingeführt. Eine Patientin hat einmal zu mir gesagt, diese Hypnosen seien wie Fantasiereisen ohne Fantasieumgebung. Sie hat den Nagel auf den Kopf getroffen. Wie immer gilt: Bitte ausprobieren! Ich wette, diese Hypnose stärkt das Vertrauen zwischen Klient und Therapeut enorm!

Kontaktaufnahme und Entlastung

… … Du hast schon viele Heißhungerattacken erlebt … … Plötzlich wurdest du von dem Heißhunger auf spezielle Sachen überrannt … … vielleicht auf Süßigkeiten oder auch auf Fastfood oder andere Sachen … … Du kennst das gut … … Du hast dir das nicht ausgesucht, wolltest das so nicht haben … … Und nachdem du dich dann voll gestopft hast, hast du es immer schnell bereut und dir gedacht, es wäre besser gewesen, das nicht zu tun … … nicht so viel zu essen … … Meistens sind es ganz andere Bedürfnisse, die sich im Heißhunger melden … … Hunger ist normal, wenn wir lange nichts gegessen haben, aber Heißhunger ist etwas Besonderes … … Meistens zeigt er sich, wenn wir uns klein fühlen oder denken, dass wir versagt hätten … … dann führt der Heißhunger zu Trostessen … … Vielleicht war es oft so, dass du ganz dringend Trost gebraucht hättest, dann war aber keiner da, der ihn dir geben konnte oder wollte … … vielleicht in deiner Kindheit schon … … Essen kann dann ganz kurzfristig ein ähnliches Gefühl wie Trost produzieren, aber eben nur so ähnlich … … und auch nur ganz kurz … … Du weißt das … … und wenn es gelingt, dass du Trost findest, dann brauchst du nicht so viel zu essen und besser noch … … wenn du lernst, dich selbst angemessen zu trösten, wenn sonst keiner da ist, der das tut, dann kommt Heißhunger erst gar nicht auf … … Es geht also darum, dir selbst nahe zu sein und dich selbst zu trösten … … für alles, was dir an Trost gefehlt hat und immer dann, wenn du Trost brauchst … …

Selbstvergebung und Trost

… … Es kann viele Gründe für den Heißhunger und die Essattacken geben … … vielleicht ganz spezielle, die du kennst oder vermutest … … vielleicht kannst du dir diese Essanfälle auch selbst nicht so richtig erklären … … Das musst du auch nicht … … Es kommt zunächst einmal darauf an, dich selbst anzunehmen, auch und gerade mit Problemen, die du hast … … auch und gerade mit Heißhunger und Essattacken … … denn das ist oder war zumindest ein Teil deines Lebens, ein Teil deiner Entwicklung … … Das alles jetzt zu verdammen, würde bedeuten, einen Teil von dir selbst abzulehnen … … Das würde erneut dazu führen, dass du dich unwürdig oder irgendwie schuldig fühlen würdest … … Doch jetzt ist es mal an der Zeit, versöhnlich mit dir selbst umzugehen … … Manchmal überkommt dich halt so ein Gefühl, dir etwas Gutes tun zu müssen, doch so viel zu essen ist gar nicht gut, fühlt sich nur so an … … Jetzt darfst du dich einfach mal ausruhen und die Entspannung der Trance nutzen … … Dafür musst du nicht viel tun, einfach nur zuhören und hinhören und die Worte, die du hörst, in deine Gefühle fließen lassen … … Jetzt darfst du nur für dich selbst da sein und ausruhen … … dann findest du Erneuerung und innere Heilung… *[ca. 20 Sekunden schwiegen]* … …

Entschluss und Selbstvereinbarung

+++ Variante 1: Heißhunger, allgemein +++

… … In der Ruhe der Trance bist du näher bei deinen Gefühlen als im wachen Zustand … … Du bist jetzt näher bei dir selbst … … ganz nah … … und in dieser Nähe zu dir selbst kannst du eine Vereinbarung mit dir selbst treffen … … eine Vereinbarung der Veränderung und der inneren Heilung … … Heilung alter Wunden, die durch schwierige Erlebnisse deines Lebens und durch fehlende Liebe und Anerkennung entstanden sind … … durch Ablehnung und Urteile … … Urteile, die andere über dich hatten oder haben … … auch Wunden durch Selbstverurteilungen, die mit der Zeit entstanden sind, weil du Urteile und Einschätzungen von außen übernommen hattest … … Zeit, das zu beenden … … Zeit, deinen eigenen Weg zu gehen und all das hinter dir zu lassen … … Du nimmst dir also vor, fehlende Liebe und Zuneigung nicht mehr durch Essen aufzufüllen, sondern durch Achtsamkeit und Selbstliebe, denn auch das funktioniert sehr gut … … Vielleicht beginnst du mit Achtsamkeit und Zuneigung zu dir selbst … … und mit der Zeit entsteht dann auch Selbstliebe und Heißhunger kommt es gar nicht mehr auf … … *[ca. 30 Sekunden schwiegen]* … …

+++ Ende Variante 1 +++

+++ Variante 2: Heißhunger bei Kränkungen +++

… … In der Ruhe der Trance bist du näher bei deinen Gefühlen als im wachen Zustand … … Du bist jetzt näher bei dir selbst … … ganz nah … … und in dieser Nähe zu dir selbst kannst du eine Vereinbarung mit dir selbst treffen … … eine Vereinbarung der Veränderung und der inneren Heilung, die du schon einmal geschafft hast, und genau deswegen gelingt es dir jetzt wieder und noch besser … … Es gelingt dir jetzt noch besser die Heilung alter Wunden, die durch Enttäuschungen und Kränkungen einst entstanden sind … … Wunden durch Ablehnung und Urteile … … Urteile, die andere über dich hatten oder haben … … auch Wunden durch Selbstverurteilungen, die mit der Zeit entstanden sind, weil du Urteile und Einschätzungen von außen übernommen hattest … … Zeit, das erneut und für alle Zeit zu beenden … … Zeit, deinen eigenen Weg wieder erfolgreich zu gehen und all das endgültig hinter dir zu lassen … … Du nimmst dir also vor, zunächst einmal tief durchzuatmen, wenn du gekränkt wirst oder frühere Kränkungen dir wieder einfallen … … Du spürst dann, dass du deinen eigenen Wert und dein Selbstbewusstsein auch und vor allem ohne etwas zu essen findest … … indem du langsam und achtsam einige Male tief ein und aus atmest … … *[ca. 30 Sekunden schwiegen]* … …

+++ Ende Variante 2 +++

Erfolg und Festigung

... ... Jetzt ruh dich aus ... ... Verweile einfach in deinem Gefühl und lass die Entspannung deines Körpers zur tiefen inneren Entspannung werden ... ... Du bist dir selbst nahe und du kannst jetzt ausruhen und neue Kraft tanken ... ... Hier gibt es keine Pflichten und keine Aufgaben zu erledigen ... ... Die Zeit des Heißhungers geht zu Ende und wird zur Lebenserfahrung, die bald nur noch Erinnerung ist ... ... Das braucht seine Zeit und du nimmst dir diese Zeit ... ... Du erholst dich jetzt und in deinem Alltag, denn ab sofort gehst du achtsamer mit dir selbst um und achtest ganz bewusst und gezielt auf deine Gefühle und Stimmungen ... ... Jetzt fühlst du dich gut und du fühlst dich immer freier und leichter ... ... zufriedener und glücklicher ... ... jeden Tag freier und leichter ... ... jeden Tag zufriedener und glücklicher ... ...

Hauptteil 2

Ankertechnik

Als Anker (oder Trigger) bezeichnet man einen Auslöser, der ein bestimmtes Gefühl herstellen oder einen bestimmten Gedanken wecken soll. Es handelt sich also um ein Signal, das vom Klienten wahrgenommen wird und dann einen inneren Vorgang anstößt. Der eingerichtete Anker ersetzt dann die Suggestion. Im Alltag kann ein Klient mit einem Anker einen gewünschten Zustand anstoßen oder herstellen, auch ohne einen Trancezustand. Zahlreiche Reize sind als Anker/Trigger verwendbar. Ich arbeite mit folgenden Möglichkeiten, die ich in der Reihe „Zehn Hypnosen" ebenfalls verwende:

- *Körperanker (Schließen der Hand, Drücken des Daumenballens …)*
- *Visuelle Anker (Symbole, Wortkarten …)*
- *Akustische Anker (Signalgeräusche wie Handyklingeln, Melodien …)*
- *Oflaktorische Anker (Duftöle …)*
- *Haptische Anker (Handschmeichler, Talisman …)*

Außerdem unterscheide ich perihypnotische und posthypnotische Anker. Perihypnotische Anker sind solche, die vor allem während der Hypnose zum Einsatz kommen, indem der Therapeut den Anker einrichtet und dann immer wieder als Ergänzung der Suggestionen und Visualisierungen auslöst. Posthypnotische Anker werden vor allem für die Zeit nach der Sitzung eingerichtet, damit der Klient sich selbst damit helfen kann.

Vorbereitung der Ankertechnik

… … Wir werden heute gemeinsam einen Anker für dich einrichten … … Ein Anker ist ein einfaches Hilfsmittel, das dir hilft, jeden aufkommenden Impuls des Heißhungers abzuschalten … … Sobald du den plötzlichen Drang nach Essen oder Heißhunger spüren solltest, kannst du den Anker benutzen und schnell innere Ruhe und Balance spüren und auf das Essen verzichten … … Ein Anker hält normalerweise ein Schiff fest, damit es auch im Sturm und in hohen Wellen an seinem Platz bleibt … … So soll dein Anker für dich sein, denn er soll dir helfen, jederzeit auf deiner Position, auf deinem Platz zu bleiben … … bei dir selbst zu bleiben und auf dich zu achten … … auch und gerade dann, wenn du spürst, dass der Heißhunger sich meldet oder auch nur ankündigt … … Und du sollst deinen Anker immer bei dir tragen können … … zunächst soll er dir helfen, die unerwünschten Impulse loszulassen … … Heißhungerimpulse oder den plötzlichen Drang des Essens großer Mengen sofort loslassen … … und dann soll er als Anker langfristig dafür sorgen, dass du ein ganz normales Hungergefühl entwickelst, das sich nur zu den Mahlzeiten meldet … … Du hast diesen wichtigen einen Zielgedanken, der dir sagt … … *Ich schenke mir Selbstliebe und das macht mich viel satter als irgendetwas sonst* … … Diesen Gedanken willst du fest verankern, um dich wirklich frei und gesund zu fühlen und nach vorne zu gehen … …

[Halten Sie ein Kärtchen bereit mit der Aufschrift „Ich schenke mir Selbstliebe und das macht mich viel satter als irgendetwas sonst" und besprechen Sie vor der Hypnose bereits, dass sie dem Klienten das Kärtchen während der Sitzung übergeben. Dazu braucht er die Augen nicht zu öffnen. Kündigen Sie eine Berührung einfach noch einmal an, kurz bevor sie das Kärtchen weiter reichen und berühren Sie dann damit die Hand des Klienten, damit er danach greifen kann. Folgen Sie einfach den Hinweisen im Text!] …

Herstellen des gewünschten emotionalen Zustandes

… … Jetzt musst du aber zunächst einmal entspannt sein und dich wohlfühlen, deinen Blick nach vorne richten … … jetzt, in genau diesem Augenblick … … Das geht wohl sehr einfach, wahrscheinlich fühlst du dich jetzt entspannt und frei, immerhin bist du in Trance und ziemlich entspannt … … und in der Entspannung fühlst du dich automatisch schon besser … … Jetzt spürst du Entspannung und damit verbunden ist immer innere Heilung, Heilung schmerzhafter Erinnerungen und leidvoller Erfahrungen … … Jetzt fühlst du, wie echte Heilung sich anfühlt und wie hilfreich eine bewusste Zeit der Ruhe und der inneren Einkehr dafür ist … … Jetzt kannst du dich auf deine Zukunft konzentrieren und dir vorstellen, wirklich nur zu den Mahlzeiten normalen Hunger zu spüren, der durch langsames Essen am besten gestillt wird … … Achte auf deine Gefühle, spüre in dich hinein … … Spüre dich selbst … …

19

Je mehr es dir jetzt gelingt, dich auf dich selbst zu konzentrieren, in diesem Moment, einfach auf das Gefühl der Entspannung … … in genau diesem Augenblick … … umso besser kannst du jetzt auch spüren, dass die innere Heilung tatsächlich geschieht und du dich innerlich umstellst … … Jetzt musst du dich um nichts kümmern … … Jetzt musst du nichts leisten … …

Einrichten des Ankers

… … Jetzt, in der tiefen Entspannung, kannst du dir selbst offen begegnen, den Heißhunger beenden und dich um dich selbst kümmern … … Es geht jetzt viel besser als sonst … … Du nimmst dich selbst in diesem Augenblick ernst und ruhst dich aus … … Je deutlicher du die Entspannung jetzt fühlen kannst, umso besser kannst du auch Selbstliebe spüren, die dich mehr sättigt als sonst irgendetwas, Selbstliebe, die Heißhunger vertreibt … … Spüre also die Entspannung und nimm dich selbst an … … Jetzt gelingt es … … Du kannst Ruhe spüren und Freiheit … … Nun gebe ich dir das Kärtchen in die Hand … … *[Berühren Sie den Klienten an der Hand und übergeben Sie ihm das Kärtchen. Er kann die Augen geschlossen halten.]* … … Fühle das Kärtchen in der Hand … … Du weißt, was darauf steht … … dort steht … … *Ich schenke mir Selbstliebe und das macht mich viel satter als irgendetwas sonst* … … Du denkst über diesen Satz nach, über diese Haltung … … Du spürst, dass du dich jetzt wohl fühlst … … und nun konzentrierst du dich auf dich selbst … … nimmst dir vor, wie es auf der Karte steht, auf Selbstliebe zu achten und sie bewusst zu spüren, denn Selbstliebe vertreibt Heißhunger wirklich … … Die Karte erinnert dich daran, dass du dich wohl fühlen kannst, so wie du dich jetzt wohl fühlst, denn so ist es immer und überall möglich … … auch und gerade dann, wenn Stress und Hektik aufkommen Heißhunger sich melden … … Die Karte hilft dir immer, wenn du sie bei dir trägst … …

+++ Variante 1: Heißhunger, allgemein +++

… … Wenn du die Karte bei dir trägst, fühlst du dich so wohl wie jetzt, denn du erinnerst dich daran, wie wohl du dich jetzt fühlst … … dein ganzer Körper erinnert sich, dein ganzer Organismus erinnert sich an dein Ziel, denn du willst darauf achten, dass du langsam isst und nur zu den Mahlzeiten … … Heißhunger ist nur das Signal, dass dir Zuneigung fehlt, doch die gibst du dir selbst durch echte und intensive Selbstliebe … … Du bist es dir wert, langsam und nur zu den Mahlzeiten zu essen, denn Heißhunger kommt nicht mehr auf … … Dein Unterbewusstsein macht das für dich … … Diese Karte in deinen Händen ist dein Anker … … der Anker, der dich auf deinem inneren Platz der Selbstachtung hält und für eine konstruktive Verarbeitung alter Belastungen in deinem Innern führt … …

+++ Ende Variante 1 +++

+++ Variante 2: Heißhunger bei Kränkungen +++

… … Wenn du die Karte bei dir trägst, fühlst du dich so wohl wie jetzt, denn du erinnerst dich daran, wie wohl du dich jetzt fühlst … … dein ganzer Körper erinnert sich, dein ganzer Organismus erinnert sich an dein Ziel, denn du willst darauf achten, dass du dich auf dein Gefühl konzentrierst, wenn du gekränkt wirst oder alte Kränkungen wieder spürst … … das tut weh, doch dann spürst du eben auch Selbstliebe, die dich da durch bringt … … essen konnte noch nie dabei helfen, Schmerzen zu beseitigen … … Heißhunger war der innere Ruf nach Geborgenheit und genau die schenkst du dir selbst mit Hilfe deines Unterbewusstseins … … Dein Unterbewusstsein macht das für dich … … Diese Karte in deinen Händen ist dein Anker … … der Anker, der dich auf deinem inneren Platz der Selbstachtung hält und für eine konstruktive Verarbeitung alter Belastungen in deinem Innern führt … …

+++ Ende Variante 2 +++

Festigung (Posthypnotischer Auftrag)

… … Du kannst die Karte bei dir tragen, jeden Tag … … und immer dann, wenn du das Gefühl hast, dass sich alte und störende Impulse melden, kannst du sie in die Hand nehmen und lesen, was darauf steht … … *Ich schenke mir Selbstliebe und das macht mich viel satter als irgendet-*

was sonst … … und sofort fühlst du tief in dir mehr Ruhe und sogar das Gefühl emotionaler Balance und Heilung … … so wie jetzt … … genau so wie jetzt … … selbst dann, wenn du die Karte in der Hand hältst oder sie berührst, ohne sie zu lesen, fühlst du die Befreiung und die positive Kraft deutlich … … so wie heute, jeden Tag ganz genau so wie heute … …

Hauptteil 3
Fantasiereise der Traumlandtherapie

Der folgende Hypnosetext arbeitet mit einer Fantasiereise (Trancegeschichte). Das bedeutet, dass eine Abfolge von Szenen wie eine kleine Geschichte ausgewählt wird, als Stellvertreter für die emotionalen Hintergründe des behandelten Problems. Durch Auseinandersetzung auf der Gefühlsebene ändern sich Einstellungen, Haltungen und Bewertungen. Hier sind Suggestionsregeln weniger von Bedeutung als Vorstellungskraft und innere Kreativität des Klienten. Die Bilder werden daher teilweise mit vielen Details angeboten, andererseits auch vieles bewusst offen gelassen. Es handelt sich bei dieser Vorgehensweise um eine kooperative Art der Hypnose. Informationen zur Traumlandtherapie sowie Möglichkeiten, diese selbst zu erlernen, gibt es auf www.ingosimon.com!

Ankommen im Land der Träume

… … Du willst den Heißhunger stoppen, willst dafür sorgen, dass er gar nicht erst aufkommt und dafür machst du heute eine besondere Reise … … Tief in deinen Gedanken, tief in deinem Gefühl gibt es ein Land der besonderen Möglichkeiten … … das Land der Träume, das nur aus Gefühlen besteht, und genau dort kannst du alles erreichen … … denn im Land der Träume findest du deine eigene Kreativität … … deine Schöpfungskraft und deine kreativen Lösungen … … Du gehst in das Land der Träume … … Du bist schon dort, denn ein Teil von dir ist immer dort … … immer tief in deinem Gefühl … … Du atmest tief ein und aus und dann spürst du auch, dass du dort bist … … Du schaust dich um … …

Konfrontation, Klärung und kreative Neuausrichtung

… … Du stehst auf einer saftigen, grünen Wiese … … Die Sonne scheint und es ist angenehm warm … … Du schaust in den Himmel … … Dort oben ziehen weiße Tauben, die auf dem Wind dahin gleiten und deine Gedanken gehen mit ihnen auf die Reise … … gleiten im Wind dahin und ziehen weiter, schwerelos wie weiße Tauben am Himmel … … alle störenden Gedanken und Gefühle, alle schmerzhaften und belastenden Erinnerungen ziehen weiter … … Im Land der Träume ist das möglich … … Hier befreit dich der Wind von Schmerzen und Problemen … … und vielleicht denkst du, dass so etwas nur in der Fantasie möglich ist … … Doch Fantasie und Wirklichkeit sind ganz nah beieinander … … Du denkst über die Essanfälle nach, über die plötzlichen Hungerattacken … … über den plötzlichen Drang, zu essen um dich wohler zu fühlen, wobei du dich anschließend doch nicht wohler gefühlt hast … … Du gehst mit deiner Erinnerung über die Wiese, doch die Erinnerung tut nicht weh … … und tief in dir melden sich weitere Erinnerungen, doch nichts kann dir hier schaden, nichts kann dich hier verletzen … … denn alle Schmerzen ziehen weiter … … Es ist alles nur noch Erinnerung

… … Vielleicht spürst du aber auch Traurigkeit oder Verluste in dir … … Lass sie zu, es sind Erinnerungen deines Lebens … … Erinnerungen, die dir hier nicht mehr schaden können … … Du lässt alle Lasten im Wind des Traumlandes los … … Du kennst vielleicht Gründe für die Heißhungeranfälle, hast vielleicht vieles erkannt oder verstanden, was zu ihnen beigetragen hat … … und natürlich gibt es immer auch Zusammenhänge oder Hintergründe, die du noch nicht kennst, manche wirst du vielleicht nie erfahren … … dennoch kannst du dich von ihnen befreien … … Das Land der Träume hilft dir dabei … … denn nur dafür ist es da … … um dir zu helfen … … Du entdeckst plötzlich einen kleinen See, mitten auf dieser Wiese … … Du gehst zu dem See und entdeckst ein Schild, das am Ufer steht … … Auf dem Schild steht … … *See der plötzlichen Gefühle* … … und außerdem steht auf dem Schild eine Aufforderung … … Dort steht … … *Bade im Heilwasser des Sees und reinige dich innerlich* … … Du überlegst, wie das sein wird … … Wie kannst du dich innerlich reinigen? … … Du ziehst deine Kleider aus und gehst Schritt für Schritt in den See, dessen Wasser angenehm warm ist … … Dann bemerkst du plötzlich, dass dein ganzer Körper mit Staub bedeckt ist … … Er bedeckt deine gesamte Haut … … und dann wird es dir klar … … Dies ist der Staub der Zeit, der Erinnerungen … … vor allem der Lasten und Schmerzen, all der Erinnerungen und Erfahrungen, die zu den Heißhungerattacken geführt hatten … … Im Land der Träume sitzen diese Erfahrungen wie Staub einer vergangenen Zeit auf deiner Haut … … Erinnerungen, die du abwaschen kannst … … Doch solltest du dich nicht innerlich reinigen? … … Dann fällt es dir ein … … Du bist im Land der Träume und das ist das Land deiner Fantasie und deiner Gefühle … … Also bist du innen und was du hier scheinbar äußerlich abwaschen kannst, ist immer eine innere Reinigung … … Ist das so einfach? … … Kannst du hier alte Schmerzen und Lasten einfach abwaschen? … … Ja, das geht, denn das hier ist das Land der Träume … … Also badest du im See und reinigst deine Haut und wäschst damit auch alte Belastungen in deinen Emotionen ab … … Du reinigst tatsächlich dein Inneres … … Es geschieht auf magische Art und Weise und befreit dich von Heißhunger, befreit dich von Essattacken … …

Achtsamkeit und Selbsttreue

+++ Variante 1: Heißhunger, allgemein +++

… … Nachdem du den ganzen Schmutz abgewaschen hast und damit den Heißhunger abgewaschen hast, gehst du weiter über die Wiese und kommst zu einem silbernen Spiegel, der mitten auf der Wiese steht … … so groß, dass du dich darin sehen kannst … … Du gehst ganz nah heran und schaust in den Spiegel, der im Land der Träume immer ein Spiegelbild der konstruktiven Zukunft zeigt … … Du siehst dich selbst im Spiegel, wie in einem Film … …

Du siehst dich selbst in deinem Alltag … … Du siehst, dass du zu einem gesunden Essverhalten zurückgekommen bist, es ist wirklich gelungen … … Du beobachtest dich selbst beim Essen … … eine normale Portion … … und du isst langsam und mit Genuss … … kein Heißhunger und keine Essattacke … … und das Beste ist, dass du dich innerlich gut dabei fühlst, weil du spürst, dass die alten Schmerzen und die alte Trauer, all das, was die Heißhungeranfälle produzieren konnte, gelöst wurde … … Dein tiefes Inneres hat diese Ursachen schon sehr bald vollständig verarbeitet und damit losgelassen … … Das Land der Träume ist dein Inneres und macht das für dich … … *[ca. 20 Sekunden schweigen]* … …

+++ Ende Variante 1 +++

+++ Variante 2: Heißhunger bei Kränkungen +++

… … Nachdem du den ganzen Schmutz abgewaschen hast und damit alle früheren Kränkungen abgewaschen hast, gehst du weiter über die Wiese und kommst zu einem silbernen Spiegel, der mitten auf der Wiese steht … … so groß, dass du dich darin sehen kannst … … Du gehst ganz nah heran und schaust in den Spiegel, der im Land der Träume immer ein Spiegelbild der konstruktiven Zukunft zeigt … … Du siehst dich selbst im Spiegel, wie in einem Film … … Du siehst dich selbst in deinem Alltag … … Du siehst dich in einer Situation, die dich sehr kränken konnte, doch es ist anders jetzt … … Du spürst die Kränkung, doch sie bleibt nicht an dir haften … … Du verarbeitest sie mit Selbstliebe und lässt die Kränkung dann los … … und du fühlst dich satt … … Du siehst, dass du zu einem gesunden Essverhalten zurückgekommen bist, es ist wirklich gelungen … … Du beobachtest dich selbst beim Essen … … eine normale Portion … … und du isst langsam und mit Genuss … … kein Heißhunger und keine Essattacke … … und das Beste ist, dass du dich innerlich gut dabei fühlst, weil du spürst, dass die alten Schmerzen und die alte Trauer, all das, was die Heißhungeranfälle produzieren konnte, gelöst wurde … … Dein tiefes Inneres hat diese Ursachen schon sehr bald vollständig verarbeitet und damit losgelassen … … Das Land der Träume ist dein Inneres und macht das für dich … … *[ca. 20 Sekunden schweigen]* … …

+++ Ende Variante 2 +++

… … Dann gehst du weiter … … Schritt für Schritt … … und du denkst darüber nach, wie das Wahrheit werden kann, was du hier so einfach in deiner Fantasie erleben kannst … … Dann wird dir klar, dass es bereits Wahrheit ist … … denn das Land der Träume ist tief in dir drin … … Dort war es schon immer … … Ich erzähle dir nur davon … …

Hauptteil 4

Insistierende Suggestion

Insistierend bedeutet „darauf bestehend" oder „beharrlich". Bei dieser Technik wird mit wenigen Suggestionen gearbeitet, die jeweils wie ein Mantra in mehreren Hauptsätzen hintereinander wiederholt werden. Das hört sich zunächst etwas altmodisch an. Allerdings wird jeweils in den Nebensätzen eine Begründung, Intention oder eine positive Bewertung angefügt, die den Hauptsatz (die eigentliche Suggestion) unterstützt. Wir haben also für jede Suggestion vier oder fünf gute Begründungen. Eine sehr wirksame und auch für Gruppenhypnosen sehr geeignete Variante.

Zielformulierung und Willensstärkung

...... Lass dich jetzt ganz in die Bequemlichkeit und Zuversicht der tiefen Entspannung fallen ...... denn das ist ein echter Schritt der inneren und äußeren Befreiung ......

...... Lass dich jetzt ganz in die Bequemlichkeit und Zuversicht der tiefen Entspannung fallen ...... denn das ist ein echter Schritt des inneren und äußeren Neubeginns ......

...... Lass dich jetzt ganz in die Bequemlichkeit und Zuversicht der tiefen Entspannung fallen ...... und öffne dein Inneres für alle diese helfenden Worte ......

...... Lass dich jetzt ganz in die Bequemlichkeit und Zuversicht der tiefen Entspannung fallen ...... und alle Worte finde ihren Weg in die Tiefe......

Gedankenausrichtung

... ... Du weißt, dass es an der Zeit ist, zu deinen Gefühlen zurückzufinden ... ... und dieser Gedanke ist jetzt wirklich bedeutend ... ...

... ... Du weißt, dass es an der Zeit ist, zu deinen Gefühlen zurückzufinden ... ... und dieser Gedanke versöhnt dich mit der auslaufenden Zeit der Hungerattacken ... ...

... ... Du weißt, dass es an der Zeit ist, zu deinen Gefühlen zurückzufinden ... ... und dieser Gedanke gibt dir das Gefühl, die Zeit der Essattacken nun wirklich zu beenden ... ...

... ... Du weißt, dass es an der Zeit ist, zu deinen Gefühlen zurückzufinden ... ... und dieser Gedanke gibt dir das sichere Gefühl, jetzt endlich neue Wege zu gehen ... ...

... ... Du lässt jetzt den Heißhunger los und spürst dabei Selbstliebe... ...

Somatische Ausrichtung

... ... Nimm die Entspannung deines Körpers wahr und erkenne darin das Besondere ... ... denn Körper und inneres Gefühl sind direkt miteinander verbunden ... ...

... ... Nimm die Entspannung deines Körpers wahr und erkenne darin das Besondere ... ... denn Körper und Gefühle sind immer eins ... ...

... ... Nimm die Entspannung deines Körpers wahr und erkenne darin das Besondere ... ... denn so ausgeglichen wie dein Körper jetzt ist, bist auch du in deinem neuen Gefühl ... ...

… … Nimm die Entspannung deines Körpers wahr und erkenne darin das Besondere … … denn dein neues Gefühl beendet den Heißhunger ein für allemal … …

… … Du lässt jetzt den Heißhunger los und spürst dabei Selbstliebe… …

Emotionale Ausrichtung

… … In der Tiefe deiner Gefühle liegen auch Selbstliebe und Selbstrespekt … … und du kannst sie jetzt auch wieder besser spüren … …

… … In der Tiefe deiner Gefühle liegen auch Selbstliebe und Selbstrespekt … … und du kannst sie noch stärker und intensiver machen … …

… … In der Tiefe deiner Gefühle liegen auch Selbstliebe und Selbstrespekt … … und diese Gefühle machen Heißhunger unmöglich … …

… … In der Tiefe deiner Gefühle liegen auch Selbstliebe und Selbstrespekt … … und diese Gefühle helfen dir heute bei deiner Befreiung und bei deinem Neuanfang … …

… … Du lässt jetzt den Heißhunger los und spürst dabei Selbstliebe… …

Verhaltensausrichtung

+++ Variante 1: Heißhunger, allgemein +++

… … Du bekennst dich heute und jeden Tag zu Selbstliebe und Selbstkontrolle … … denn so erkennst du Heißhungerimpulse als Bedürfnis nach Zuwendung … …

… … Du bekennst dich heute und jeden Tag zu Selbstliebe und Selbstkontrolle … … denn so kannst du mit Selbstliebe den Heißhunger auslöschen … …

… … Du bekennst dich heute und jeden Tag zu Selbstliebe und Selbstkontrolle … … denn so übernimmst du selbst die Kontrolle über dein Essverhalten … …

… … Du bekennst dich heute und jeden Tag zu Selbstliebe und Selbstkontrolle … … denn so übernimmst du wieder die volle Kontrolle über dein Leben, in jeder Situation … …

… … Du lässt jetzt den Heißhunger los und spürst dabei Selbstliebe… …

+++ Ende Variante 1 +++

+++ Variante 2: Heißhunger bei Kränkungen +++

… … Du wehrst dich ab sofort gegen Angriffe und Kränkungen … … denn das steht dir zu und vertreibt Hungerimpulse … …

… … Du wehrst dich ab sofort gegen Angriffe und Kränkungen … … denn so kannst du mit Selbstbewusstsein den Heißhunger auslöschen … …

… … Du wehrst dich ab sofort gegen Angriffe und Kränkungen … … denn so übernimmst du selbst die Kontrolle über dein Leben und über dein Essverhalten … …

… … Du wehrst dich ab sofort gegen Angriffe und Kränkungen … … denn so übernimmst du wieder die volle Kontrolle über dein Leben, in jeder Situation … …

… … Du lässt jetzt den Heißhunger los und spürst dabei Selbstliebe… …

+++ Ende Variante 2 +++

Festigung

… … Du hast heute eine wichtige Station deines Weges erreicht und du erreichst jeden Tag eine wichtige Station deines Weges … … denn du bist deinem Ziel näher gekommen, viel näher und vielleicht sogar … … hast du dieses Ziel heute schon vollkommen erreicht … …

… … Du hast heute eine wichtige Station deines Weges erreicht und du erreichst jeden Tag eine wichtige Station deines Weges … … Du erreichst jeden Tag eine wichtige Station deines Weges zu Selbstbewusstsein und Zufriedenheit und damit eben auch zu einem normalen Essverhalten … … Was hier und heute in deiner Vorstellung gelingt, gelingt hier und heute auch in deinem Gefühl … … und alles, wirklich alles, was in deinem Gefühl gelingt, gelingt auch in deinem wachen Alltag … … so sicher wie jetzt gerade … …

Hauptteil 5

Affirmationshypnose

Die folgende Variante eines Hypnosehauptteils arbeitet mit einem eher kurzen und prägnanten Glaubenssatz. Es handelt sich hierbei um eine Suggestion, die auch Affirmation genannt wird und auch außerhalb der Hypnose benutzt werden kann. Affirmation bedeutet Festigung, Stabilisierung. Es geht also immer darum, eine innere Haltung, die eingenommen werden kann, aber bislang noch schwierig aufrecht zu erhalten ist, zu stärken. Vorteil der Hypnose besteht sicherlich darin, dass die Affirmation leichter vom Klienten angenommen wird als im wachbewussten Zustand. Allerdings sollte diese Hypnose nicht als erste Sitzung dienen, sondern eingebracht werden, wenn der Klient bereits einen gewissen Verarbeitungsprozess durchgemacht hat und der Affirmation/dem Glaubenssatz bereits offener gegenüber steht als es ein verzweifelter Kranker oder Suchender zu Beginn einer Psychotherapie tut. Das müssen aber sie als Therapeut/in entscheiden.

Hinweise zur Verwendung von Affirmationen außerhalb bzw. nach der Hypnose:
Wenn die affirmative Suggestion (Affirmation) in der Hypnose etabliert wurde, kann der Klient die Wirkung und Nachhaltigkeit der Hypnose stärken, indem er in einer regelmäßigen Zeit der Besinnung die Affirmation bewusst und mit achtsamer Aufmerksamkeit selbst ausspricht. Hierzu kann der Klient beispielsweise eine kurze Atemübung zur Beruhigung machen und dann mit geschlossenen Augen die Affirmation aussprechen oder flüstern. Geübte können sie in eine Meditation oder in eine Selbsthypnose einbauen.

Vorbereitung und Zielsetzung

… … Du willst die Heißhungeranfälle endlich beenden … … Du weißt, dass sich in ihnen andere Bedürfnisse zeigen, die gar nichts mit Hunger oder Essen zu tun haben … … Du hast eben nur gelernt, dir selbst Trost zu spenden mit Essen … … Vielleicht schon als Kind und vielleicht funktioniert es für ganz kurze Zeit … … eigentlich nur für einen Moment … … Doch du weißt, dass die Essanfälle dich nur unglücklich gemacht haben … … Also willst du sie beenden … … Du könntest es mit Disziplin versuchen, das ist nicht leicht … … es geht aber leichter … … Du kannst eine neue innere Haltung aufbauen … … eine stabile und gesunde Haltung der Selbstzuneigung und Selbstliebe … … denn wenn das gelingt, und heute wird es dir gelingen, dann kommt Heißhunger erst gar nicht mehr auf … … Du gehst also heute einen besonderen Weg der Befreiung … …

Distanzierung störender und ablenkender Gedanken

… … Auf diesem Weg hilft dir vor allem Achtsamkeit … … der achtsame Umgang mit dir selbst … … Das klingt recht einfach und mit der richtigen Vorgehensweise ist es das auch … … Vieles, was wir uns vornehmen, ist einfacher als wir denken, wenn wir richtig vorgehen … … wenn wir den besten Weg zum Erreichen unserer Ziele wählen … … Du hast den Weg der Trance gewählt, den Weg der Hypnose … … Und das ist ein Weg der guten und helfenden

Suggestionen … … Wenn es eine besonders gute Suggestion gäbe, eine Formel, die dir ohne Tricks und ohne jede Trance immer wieder dabei helfen könnte, Heißhunger abzuschalten, an besten noch bevor er überhaupt aufkommt, dann würdest du diese Suggestion sicher gerne nutzen … … Eine solche Formulierung, eine solche Formel, gibt es tatsächlich … … und wir nennen diese helfende Formel Affirmation … … Und heute hörst du eine ganz besondere Affirmation … … eine Affirmation, die du selbst benutzen kannst, um dich immer wieder darauf einzustimmen, nur zu den Mahlzeiten etwas Hunger zu spüren … … Du kannst diese Affirmation heute benutzen, in wenigen Augenblicken schon … … indem du sie hörst und zulässt, dass sie ihre helfende Wirkung entfaltet … … und indem du sie innerlich mitsprichst … … auch und gerade außerhalb der Trance … … Sobald dein Unterbewusstsein sie einmal angenommen hat, entfaltet sie ihre gute Wirkung immer weiter … …

Präsentation der Affirmation
… … Höre also nun deine gute Affirmation … … Höre sie und erkenne ihren Wert und sobald du dir sicher bist, das genau diese Affirmation gut für dich ist, erlaubst du deinem Unterbewusstsein auch, sie anzunehmen … … und wer weiß … … vielleicht hast du diese Erlaubnis ja schon erteilt, damit sie noch besser und schneller für dich wirkt … *{5-10 Sekunden Pause}* …

+++ Variante 1: Heißhunger, allgemein +++

… … Ich spüre tief in mir ein erfüllendes Maß an Selbstliebe, die stärker ist als Hunger es je sein könnte … …

+++ Ende Variante 1 +++

+++ Variante 2: Heißhunger bei Kränkungen +++

… … Ich weiß, dass ich mich selbst lieben kann, auch und gerade bei Angriffen und Kränkungen, denn meine Selbstliebe ist stärker und wichtiger als Hunger es je sein könnte … …

+++ Ende Variante 2 +++

Einwirken und Vertiefen der Affirmation

… … Und nun sinken diese Worte ganz tief in dein Inneres, ganz tief in dein Gefühl … … Die gehörte Suggestion, deine ganz besondere Affirmation für Selbstliebe und für das Ende der Heißhungeranfälle, darf nun mit deiner Erlaubnis ganz tief in dir wirken … … und in dir einen festen Platz einnehmen … … als feste und stabile Glaubenshaltung … … als Grundhaltung deiner neuen Emotionalität … … für Selbstliebe und Selbstachtsamkeit … … für Essen mit Genuss und Maß … … für ein neues und gutes Lebensgefühl der Selbstliebe … …

Wiederholung und Integration der Affirmation

… … In dem Einfachen liegt oft das Wirksame … … und in einer einfachen Grundhaltung liegt ebenso oft die Lösung und die Befreiung, die wir suchen … … Du hast Ausgleich und Erholung gesucht … … und mit einer einfachen und gleichzeitig sehr starken Haltung hast du einen guten Weg dafür gefunden … … und findest ihn immer wieder, wenn du sagst … …

+++ Variante 1: Heißhunger, allgemein +++

… … Ich spüre tief in mir ein erfüllendes Maß an Selbstliebe, die stärker ist als Hunger es je sein könnte … …

+++ Ende Variante 1 +++

+++ Variante 2: Heißhunger bei Kränkungen +++

… … Ich weiß, dass ich mich selbst lieben kann, auch und gerade bei Angriffen und Kränkungen, denn meine Selbstliebe ist stärker und wichtiger als Hunger es je sein könnte … …

+++ Ende Variante 2 +++

… … Lass nun diese Worte noch tiefer in dein Innerstes sinken … … Erlaube diesen Worten einen festen Platz in dir einzunehmen … … einen Platz der Ruhe … … einen Platz der Heilung … … einen Platz des Lebens … …

Stabilisierungsphase

… … In Trance werden liebevolle Worte und Affirmationen zu inneren Haltungen, wenn sie deinem Ziel und deinen Möglichkeiten dienen … … vor allem aber, wenn sie von Respekt und Hinwendung zu dir selbst getragen sind und so formuliert wurden … … Dein Ziel war deine Befreiung von Heißhungeranfällen, ein für allemal, und damit eine Rückkehr zu Selbstachtung und Selbstliebe … … und diesem Ziel dient deine Affirmation … … deswegen ist sie auch schon zu deiner Überzeugung geworden … … Und immer, wenn du selbst deine Affirmation in einem achtsamen Moment aussprichst, stärkst und unterstützt du deine Achtsamkeit im Umgang mit dir selbst und sorgst für dauerhaften Erfolg … …

Hauptteil 6

Geführte Zustimmung

Bei geführter Zustimmung arbeite ich mit Textblöcken, die aus 5 Aussagen bestehen. Beim ersten Block hört der Klient 4 Aussagen, denen er in hohem Maße (am besten vollkommen) zustimmt. Dann folgt eine Zielsuggestion, die auf die gewünschte Veränderung hinarbeitet. Nachdem er viermal innerlich Ja gesagt hat, neigt der Klient stark dazu, auch die nächste Aussage anzunehmen, die allerdings eine Suggestion ist. Dann folgt ein weitere Durchgang mit 3 geführte Zustimmungen und 2 Zielsuggestionen und zuletzt einer mit 2 geführte Zustimmungen und 3 Zielsuggestionen. Bei dieser Vorgehensweise, die in ihrer Grundform von Milton Erickson entwickelt wurde, geht es darum, eine innere Ja-Haltung beim Klienten zu forcieren, indem er zunächst Aussagen hört, denen er sehr leicht und sicher zustimmen kann, wie oben bereits beschrieben. Mehr und mehr werden solche Aussagen dann von Zielsuggestionen abgelöst, doch in der Routine des häufigen Zustimmens neigt die menschliche Psyche dazu, weitere Aussagen zu erwarten, die ebenso stimmig sind. Das beeinflusst die Interpretation des Gehörten zu Gunsten der Zielsuggestionen. Einfach gesagt genießt der Zuhörer die vielen „richtigen" und kaum konfrontierenden Suggestionen und nimmt daher diejenigen, die er im hellwachen Zustand kritisch prüfen würde, gerne als ebenso richtig an. Geführte Zustimmungen können Aussagen zu Gedanken (kognitiv), Sinneswahrnehmungen (sensorisch), Körperempfindungen (somatisch) oder zu Gefühlen (emotional) sein. Lesen Sie die einzelnen Abschnitte in gleichmäßigem Tempo, ohne Gedankenpausen!

Einleitung des Veränderungsprozesses/Perspektivenwandels

… *[4 Geführte Zustimmungen]* … (1) Während du den Kontakt deines Körpers zur Liegefläche gut spüren kannst (2) und gleichzeitig den Kontakt deines Kopfes zum Kissen fühlst, wenn du darauf achtest, (3) fühlst du auch die Umgebungstemperatur und kannst einschätzen, ob sie eher milde ist oder kühl oder warm, (4) und während alledem hörst du meine Stimme klar und deutlich … *[1 Suggestion]* … und du spürst dabei den Wunsch, ein gemäßigtes Essverhalten zurückzugewinnen … …

… *[3 Geführte Zustimmungen]* … (1) Du kannst die Wolldecke auf deinem Körper spüren und sie mit den Händen ertasten (2) und natürlich auch spüren, dass sie deinen Körper etwas wärmt (3) während die Musik im Hintergrund klingt, … *[2 Suggestionen]* … (1) wobei du Essattacken immer mehr ablehnst, (2) immer stärker emotionale Zufriedenheit und emotionale Sättigung suchst und findest … …

… *[2 Geführte Zustimmung]* … (1) Meine Stimme ist klar zu hören … … (2) Es fällt dir leicht, meinen Worten zu folgen und sie zu überdenken … *[3 Suggestion]* … (1) Und so kannst du auch kritisch über den Heißhunger nachdenken, (2) ihn aus Überzeugung abschalten (3) und dich wieder auf ein maßvolles und kontrolliertes Essverhalten konzentrieren … …

Aufbau der neuen Perspektive/Wahrnehmung/Glaubenshaltung

+++ Variante 1: Heißhunger, allgemein +++

… *[4 Geführte Zustimmung]* … (1) Du kannst jedes Geräusch deutlich werden lassen, wenn du deine Aufmerksamkeit darauf richtest, (2) wobei du selbst entscheiden kannst, dass Geräusche, die von außen kommen, jetzt in den Hintergrund treten sollen, weil sie unwichtig sind, (3) und die helfenden Worte, die du hörst, kannst du mehr betrachten und annehmen, weil du dich für sie vielleicht mehr interessierst (4) oder du machst dir einfach gar keine Gedanken darüber und lässt alles fließen, wie es geschieht … *[1 Suggestion]* … und du beendest alle Heißhungerimpulse mit dem nächsten Atemzug … …

… *[3 Geführte Zustimmung]* … (1) Wenn sich die Temperatur im Raum deutlich verändern würde, würdest du das wahrscheinlich sofort bemerken, (2) und sicherlich würde dir auch auffallen, wenn plötzlich meine Stimme lauter oder leiser würde, (3) mit etwas Aufmerksamkeit würdest du sicherlich jede deutliche Veränderung spüren … *[2 Suggestionen]* … (1) So spürst du auch die plötzliche Veränderung tief in dir (2) spürst, dass du auch und vor allem ohne Essen zufrieden bist … …

… *[2 Geführte Zustimmung]* … (1) Du spürst deinen Körper und du spürst deine Umgebung (2) Du kannst das Äußere wahrnehmen und auch das Innere, die Gefühle … *[3 Suggestionen]* … (1) und mehr und mehr erkennst du, dass du in der inneren Tiefe bereits sehr zufrieden bist

(2) und du entdeckst plötzlich ein neues Gefühl von Selbstliebe und Selbstrespekt (3) und diesen Respekt willst du auch und gerade beim Essen dir selbst entgegenbringen … …

+++ Ende Variante 1 +++

+++ Variante 2: Heißhunger bei Kränkungen +++

… *[4 Geführte Zustimmung]* … (1) Du kannst jedes Geräusch deutlich werden lassen, wenn du deine Aufmerksamkeit darauf richtest, (2) wobei du selbst entscheiden kannst, dass Geräusche, die von außen kommen, jetzt in den Hintergrund treten sollen, weil sie unwichtig sind, (3) und die helfenden Worte, die du hörst, kannst du mehr betrachten und annehmen, weil du dich für sie vielleicht mehr interessierst (4) oder du machst dir einfach gar keine Gedanken darüber und lässt alles fließen, wie es geschieht … *[1 Suggestion]* … und du verarbeitest alle Kränkungen und Demütigungen in Selbstliebe und wirst frei … …

… *[3 Geführte Zustimmung]* … (1) Wenn sich die Temperatur im Raum deutlich verändern würde, würdest du das wahrscheinlich sofort bemerken, (2) und sicherlich würde dir auch auffallen, wenn plötzlich meine Stimme lauter oder leiser würde, (3) mit etwas Aufmerksamkeit würdest du sicherlich jede deutliche Veränderung spüren … *[2 Suggestionen]* … (1) So spürst du auch die plötzliche Veränderung tief in dir (2) spürst, dass du Kränkungen am besten mit Achtsamkeit und Selbstliebe verarbeitest … …

... *[2 Geführte Zustimmung]* ... (1) Du spürst deinen Körper und du spürst deine Umgebung (2) Du kannst das Äußere wahrnehmen und auch das Innere, die Gefühle ... *[3 Suggestionen]* ... (1) und mehr und mehr erkennst du, dass du in der inneren Tiefe bereits sehr zufrieden bist (2) und du entdeckst plötzlich ein neues Gefühl von Selbstliebe und Selbstrespekt (3) und diesen Respekt willst du auch und gerade beim Essen dir selbst entgegenbringen ... ...

+++ Ende Variante 2 +++

Stabilisierung und Erfolg des Neuen

... *[3 Geführte Zustimmungen]* ... (1) Du kannst die Entspannung deines Körpers jetzt spüren, diese schöne und angenehme Trance (2) und mit jedem Atemzug kann diese Entspannung weiter gehen, kann dich tiefer und tiefer führen, so tief, dass du das Gefühl hast, in dir selbst zu versinken und damit immer tiefer in deine innere Welt zu gelangen, in die Welt deiner Gefühle, (3) und sobald dieser Zustand der Entspannung eingetreten ist und du spürst, dass du bereits ganz tief in der Entspannung und damit ganz tief in deinen Gefühlen bist ... *[3 Suggestionen]* ... (1) spürst du auch tatsächlich, dass du den Heißhunger wirklich abgeschaltet hast, (2) dass du einen neuen Umgang mit dir selbst gefunden hast, (3) dass du Selbstrespekt und Selbstliebe gefunden hast und dich damit um deine wirklichen Bedürfnisse kümmerst ... ... Heißhunger hat jetzt überhaupt keine Funktion mehr ... ... Er ist vorüber, du brauchst ihn überhaupt nicht mehr ... ...

Hauptteil 7

Direkte Suggestion

Direkte Suggestionen können leicht abgelehnt werden. Doch sie können auch hochwirksam sein, wenn sie richtig eingebettet werden. Es kommt darauf an, Bedingungen zu schaffen, die dazu führen, dass die Suggestionen bereitwillig angenommen werden. Werden direkte Suggestionen als Folgesitzung nach „versteckter Instruktion" gemacht, kommt es vor allem auf die Betonung durch analoge Markierung an. Als Folgesitzung nach „geführter Zustimmungshaltung" (vgl. Hauptteil 6) kommt es auf die Abfolge der Suggestionen an. Wie in Hauptteil 6 werden in jedem Abschnitt einige Suggestionen angeboten, denen der Klient vorbehaltlos zustimmt und dann einige Zielsuggestionen, die die Veränderung einleiten. Nach mehrmaligem Zustimmen besteht die Tendenz, auch den folgenden Suggestionen zuzustimmen. Es gilt das gleiche Prinzip wie zu Hauptteil 6. Optimalerweise machen Sie beide Hypnosen (6, 7) als Folgesitzungen. Das wirkt meiner Erfahrung nach am stärksten. Der vorliegende Hauptteil kann aber auch eigenständig gemacht werden.

Einleitung des Veränderungsprozesses/Perspektivenwandels

… … Du hast ein wichtiges Ziel, für das du dich selbst und vor allem freiwillig entschieden hast … … Du willst den Heißhunger beenden und wieder maßvoll und kontrolliert essen … … Dieses Ziel erreichst du am schnellsten, wenn du eine klare Haltung dazu einnimmst … … wenn du dich innerlich ganz und gar auf eine neue Haltung konzentrierst … … Jetzt ist das möglich, denn du bist in Trance … … Jetzt geschieht es genau so … … weil du es so willst … … Fokussiere das Äußere und dreh deinen Blick dann nach innen … … Das ist ganz einfach … … Folge einfach meiner Stimme, die dich sicher und erfolgreich führt … …

Einleitung des Veränderungsprozesses/Perspektivenwandels

… Du spürst den Kontakt deines Körpers zur Liegefläche … *[ca. 5 Sek. Pause]* …

… Du spürst auch den Kontakt deines Kopfes zum Kissen … *[ca. 5 Sek. Pause]* …

… Du kannst die Temperatur der Umgebung spüren … *[ca. 5 Sek. Pause]* …

… Gleichzeitig hörst du meine Stimme klar und deutlich … *[ca. 5 Sek. Pause]* …

… Und du spürst den Wunsch nach einem gemäßigten Essverhalten … *[ca. 5 Sek. Pause]* …

… Du kannst die Wolldecke auf deinem Körper spüren … *[ca. 5 Sek. Pause]* …

… Die Wolldecke wärmt deinen Körper … *[ca. 5 Sek. Pause]* …

… Und im Hintergrund klingt die Musik … *[ca. 5 Sek. Pause]* …

… Und du lehnst Essanfälle ab … *[ca. 5 Sek. Pause]* …

… Denn du suchst und findest Zufriedenheit in deinem Gefühl … *[ca. 5 Sek. Pause]* …

… Meine Stimme ist wirklich klar und deutlich zu hören … *[ca. 5 Sek. Pause]* …

… Es fällt dir leicht, meinen Worten zu folgen und sie zu überdenken … *[ca. 5 Sek. Pause]* …

... Und du hast eine kritische Haltung zu Heißhunger ... *[ca. 5 Sek. Pause]* ...

... Du schaltest ihn tief innen jetzt ab ... *[ca. 5 Sek. Pause]* ...

... Du bevorzugst maßvolles und kontrolliertes Essen ... *[ca. 5 Sek. Pause]* ...

Aufbau der neuen Perspektive/Wahrnehmung/Glaubenshaltung

+++ Variante 1: Heißhunger, allgemein +++

... Du kannst jedes Geräusch deutlich werden lassen ... *[ca. 5 Sek. Pause]* ...

... Du kannst entscheiden, welche Geräusche wichtig sind ... *[ca. 5 Sek. Pause]* ...

... Und du kannst dich für wirklich helfende Worte interessieren ... *[ca. 5 Sek. Pause]* ...

... Gleichzeitig kannst du deine Gedanken frei fließen lassen ... *[ca. 5 Sek. Pause]* ...

... Jetzt beendest du den Heißhunger in der Tiefe ... Jetzt ... *[ca. 5 Sek. Pause]* ...

... Du würdest jede Veränderung im Raum sofort bemerken ... *[ca. 5 Sek. Pause]* ...

... Es würde dir auffallen, wenn meine Stimme lauter oder leiser würde ... *[ca. 5 Sek. Pause]* ...

... Mit etwas Aufmerksamkeit spürst du jede deutliche Veränderung ... *[ca. 5 Sek. Pause]* ...

... Ebenso spürst du eine Veränderung tief in dir ... *[ca. 5 Sek. Pause]* ...

... Du spürst Zufriedenheit, auch und gerade ohne Essen ... *[ca. 5 Sek. Pause]* ...

… Du spürst deinen Körper und du spürst deine Umgebung … *[ca. 5 Sek. Pause]* …

… Du kannst das Äußere wahrnehmen und das Innere, die Gefühle … *[ca. 5 Sek. Pause]* …

… Du spürst im Innern Zufriedenheit … *[ca. 5 Sek. Pause]* …

… Gefühle von Selbstliebe und Selbstrespekt … *[ca. 5 Sek. Pause]* …

… Und diese Gefühle begleiten dich ab sofort bei jedem Essen … *[ca. 5 Sek. Pause]* …

+++ Ende Variante 1 +++

+++ Variante 2: Heißhunger bei Kränkungen +++

… Du kannst jedes Geräusch deutlich werden lassen … *[ca. 5 Sek. Pause]* …

… Du kannst entscheiden, welche Geräusche wichtig sind … *[ca. 5 Sek. Pause]* …

… Und du kannst dich für wirklich helfende Worte interessieren … *[ca. 5 Sek. Pause]* …

… Gleichzeitig kannst du deine Gedanken frei fließen lassen … *[ca. 5 Sek. Pause]* …

… Und ab sofort verarbeitest du alle Kränkungen in Selbstliebe … *[ca. 5 Sek. Pause]* …

… Du würdest jede Veränderung im Raum sofort bemerken … *[ca. 5 Sek. Pause]* …

… Es würde dir auffallen, wenn meine Stimme lauter oder leiser würde … *[ca. 5 Sek. Pause]* …

… Mit etwas Aufmerksamkeit spürst du jede deutliche Veränderung … *[ca. 5 Sek. Pause]* …

… Du spürst eine tiefe Veränderung und Zufriedenheit damit … *[ca. 5 Sek. Pause]* …

… Du spürst, dass du Kränkungen verarbeitest und frei wirst … *[ca. 5 Sek. Pause]* …

... Du spürst deinen Körper und du spürst deine Umgebung ... *[ca. 5 Sek. Pause]* ...

... Du kannst das Äußere wahrnehmen und das Innere, die Gefühle ... *[ca. 5 Sek. Pause]* ...

... Du spürst diese Fülle von angenehmen Gefühlen ... *[ca. 5 Sek. Pause]* ...

... Gefühle von Selbstliebe und Selbstrespekt ... *[ca. 5 Sek. Pause]* ...

... Und diese Gefühle begleiten dich für immer beim Essen ... *[ca. 5 Sek. Pause]* ...

+++ Ende Variante 2 +++

Stabilisierung und Erfolg des Neuen

... Du kannst die Entspannung deines Körpers jetzt noch besser spüren ... *[ca. 5 Sek. Pause]* ...

... Und mit jedem Atemzug kann diese Entspannung weiter gehen ... *[ca. 5 Sek. Pause]* ...

... Und in dieser Entspannung kannst du dich selbst gut spüren ... *[ca. 5 Sek. Pause]* ...

... Vor allem aber hast du den Heißhunger wirklich abgeschaltet ... *[ca. 5 Sek. Pause]* ...

... Und du spürst einen neuen Umgang mit dir selbst ... *[ca. 5 Sek. Pause]* ...

... Heißhunger ist sinnlos, denn du kennst deine wahren Bedürfnisse ... *[ca. 5 Sek. Pause]* ...

... Selbstliebe und Selbstrespekt, du hast sie gefunden ... *[ca. 5 Sek. Pause]* ...

Hauptteil 8

Hypnose oder Selbsthypnose-Training

Der folgende Hypnosetexte ist so aufgebaut, dass er als „normale" Hypnose gemacht werden kann oder als Selbsthypnosetraining. Wenn Sie Ihrem Klienten mit dieser Hypnose gleichzeitig beibringen wollen, wie er eine wirksame Selbsthypnose zu Hause machen kann, dann lesen Sie auch die Abschnitte {Nur für Selbsthypnose-Training}, die Sie andernfalls weglassen können und dennoch eine gute Hypnose für Ihre Praxis haben. Ein Selbsthypnose-Trigger ist ein Signal (Handlung, Bild oder Wahrnehmung), das den Zustand der Trance einleitet. Mit seiner Hilfe kann auch ein ungeübter Klient zu Hause mit Selbsthypnose weiter arbeiten. Natürlich kann er „nur" mit einfachen Suggestionen, die er sich gut merken kann und die wir vorbereiten sollten, oder auch mit einfachen Visualisierungen arbeiten. Getriggerte Selbsthypnose ist ein sehr gutes Hilfsmittel, um dem Klienten eine Aufgabe mit zu geben und die Therapie zu fördern. So verläuft die Zeit zwischen den Terminen in der Praxis nicht ohne Therapie, sondern sie wird zu Hause fortgesetzt. Eine vollkommen selbstgesteuerte Selbsthypnose, ohne Trigger, ist auch gut erlernbar, braucht jedoch viel Zeit und Übung. Den Trigger einzurichten, ist eine ziemlich einfache Aufgabe und entlastet natürlich den Klienten, dem ich das Trainieren einer selbstgesteuerten Selbsthypnose nicht aufbürden möchte. Allen Unkenrufen zum Trotz behaupte ich auch hier, dass es wirklich kein Problem ist, einem Klienten eine einfache Trigger-Selbsthypnose beizubringen. Es ist nicht gefährlicher als eine Meditation oder ein autogenes Training oder Yoga. Das überlebt man auch unbeschadet zu Hause. Ich habe zahlreiche Patienten in meiner Praxis erlebt, die nicht nur gut mit Selbsthypnose klar gekommen sind, sondern Spaß daran hatten. Und wenn ein Patient gerne eine Selbsthypnose macht, so einfach die Suggestion im Hauptteil auch aussehen mag, dann ist das eine sehr gute Unterstützung der Compliance.

Zielsetzung und Fokussierung auf die bestehende Trance

… … Heute kannst du die Heißhungerimpulse in der Tiefe schon abschalten und neutralisieren, damit sie erst gar nicht mehr aufkommen … … Ich zeige dir, wie das geht … … Du fühlst bereits eine angenehme Entspannung … … und in wenigen Augenblicken geht deine Entspannung noch deutlich tiefer … … und gleichzeitig lernt dein tiefes Inneres, dein Unterbewusstsein, wie einfach und schnell es geht, störende Gedanken zu beenden … … das Was-ist-wenn zu beenden … … das Zögern und Zaudern zu beenden und frei zu sein … … Du lernst es in dieser Hypnose … … *{Nur für Selbsthypnose-Training: … Du kannst sogar lernen, diese Hypnose selbst zu machen, denn auch das ist einfach … Ich zeige dir, wie es geht und wie von selbst lernt dein Unterbewusstsein in der heutigen Hypnose, wie du sehr schnell und zuverlässig eine Selbsthypnose machen kannst … jederzeit und wo auch immer du willst …}* …

Erste Vertiefung / Für Selbsthypnose: Einrichten des Triggers

… … Du kommst ganz einfach in eine tiefere Entspannung, in der es dann auch ganz leicht ist, störende Gedanken, selbst Blockaden, die du nicht greifen kannst, abzulegen … … Stell dir hierzu eine rote Rose vor einem weißen Hintergrund vor … … eine rote Rose vor einem weißen Hintergrund … … Schau auf diese Rose … … Schau nur auf die rote Rose, denn das lässt alle Gedanken verblassen und du kommst zur Ruhe … … Das ist ganz einfach … … Stell dir

ZEHN HYPNOSEN 101 - HEISSHUNGERANFÄLLE

nur die rote Rose vor einem weißen Hintergrund vor und warte die tiefe Ruhe ab, die dabei entsteht … … die tiefe und befreiende Ruhe, die sich in dir ausbreitet … … Vielleicht spürst du bereits, wie diese Ruhe sich ausbreitet … … Spüre die Ruhe und Müdigkeit … … oder du bist schon so ruhig, dass du dich schon vollkommen frei fühlst … … *{Nur für Selbsthypnose-Training: … Immer, wenn du die Augen schließt, um tiefe und befreiende Ruhe zu finden, und dir die rote Rose vor dem weißen Hintergrund vorstellst, gehst du sofort in eine angenehme und bequeme Trance … so wie jetzt … einfach die Augen schließen, ruhig atmen und dann die rote Rose anschauen und immer mit dem Blick auf diesem Bild, bei dieser Vorstellung bleiben, bis du müde wirst …}* …

Zweite Vertiefung / Für Selbsthypnose: Aneignung der Vertiefung
… … Du willst die Heißhungeranfälle endgültig beenden, die Essattacken nicht mehr aufkommen lassen … … Sicher gibt es Gründe dafür, doch es gibt auf jeden Fall bessere Lösungen als das Essen … … Entscheidend ist doch … … Du kannst dich auf jeden Fall befreien und störende Gedanken, lästige Selbsturteile und überholte Denk- und Verhaltensmuster ablegen um dich einfach frei zu fühlen … … um offen und frei auf ein gesundes Hungergefühl zu den Mahlzeiten mit maßvollen Portionen zuzugehen … … Doch entspanne zunächst noch tiefer, dann ist es noch leichter, wirklich frei zu werden … … Stell dir vor, du gehst zehn Stufen der Entspannung in die tiefe Freiheit … … und von Stufe zu Stufe sagst du … … Ich entspanne

einmal tiefer … … Ich entspanne zweimal tiefer … … Ich entspanne dreimal tiefer … … Ich entspanne viermal tiefer … … Ich entspanne fünfmal tiefer … … Ich entspanne sechsmal tiefer … … Ich entspanne siebenmal tiefer … … Ich entspanne achtmal tiefer … … Ich entspanne neunmal tiefer … … Ich entspanne zehnmal tiefer … … und dann bist du sehr, sehr tief in einer inneren Ruhe … … Jetzt … … *{Nur für Selbsthypnose-Training: … genau so vertiefst du zu Hause deine Trance, in deiner Selbsthypnose, einfach indem du innerlich Stufen in die tiefe Freiheit gehst und zählst, wie du es gerade gehört hast … und du wirst erkennen und erleben, dass du gleichzeitig ganz tief entspannen kannst und mit dir selbst reden kannst … Du kannst die Worte der Entspannung einfach flüstern und dabei entspannen und die volle Kontrolle halten … ganz einfach und ganz sicher …}* …

Suggestion oder Visualisierung /Für Selbsthypnose: Aneignung der Suggestion oder Visualisierung
+++ Variante 1: Heißhunger, allgemein +++
… … Nun, in der angenehmen Entspannung … … in der Tiefe deiner Gedanken und Gefühle kannst du dich vom Heißhunger wirklich befreien, jeden Tag erneut, wenn du willst … … Beende den Heißhunger jetzt, indem du aktiv und bewusst denkst … … *Ich schalte den Heißhunger jetzt einfach ab … … Ich schalte den Heißhunger jetzt zweifach ab … … Ich schalte den Heißhunger jetzt dreifach ab … … Ich schalte den Heißhunger jetzt vierfach ab … … Ich schalte den Heiß-*

hunger jetzt fünffach ab … … Ich schalte den Heißhunger jetzt sechsfach ab … … Ich schalte den Heißhunger jetzt siebenfach ab … … Ich schalte den Heißhunger jetzt achtfach ab … … Ich schalte den Heißhunger jetzt neunfach ab … … Ich schalte den Heißhunger jetzt zehnfach ab … … Und damit ist der Heißhunger vorbei … … Du bist frei … … *{Nur für Selbsthypnose-Training: … Und wenn du dich selbst in Trance bringst und diese vertieft hast, kannst du dir diese Suggestion selbst zuflüstern … genau so, wie du sie hier und heute gehört hast, indem du zehnmal flüsterst … … Ich schalte den Heißhunger jetzt einfach ab … … zweifach … … und so weiter, bis du sagst … … Ich schalte den Heißhunger jetzt zehnfach ab … So einfach geht das und du kannst es selbst …}* … Jetzt verweile in diesem Gefühl der Freiheit … … Spüre, dass du in deinen Gedanken vollkommen frei bist … … und denken kannst, was du willst … … Spüre, dass du in deinem Gefühl frei geworden bist … … Nichts kann dich aufhalten … … denn du hast selbst entschieden … … Du bist frei … … Du bist wirklich frei … … *[Ca. 20 Sekunden schweigen]* …

+++ Ende Variante 1 +++

+++ Variante 2: Heißhunger bei Kränkungen +++

… … Nun, in der angenehmen Entspannung … … in der Tiefe deiner Gedanken und Gefühle kannst du dich vom Heißhunger wirklich befreien, jeden Tag erneut, wenn du willst … … Beende den Heißhunger jetzt, indem du deinem Unterbewusstsein die Aufgabe erteilst, Kränkungen für dich zu verarbeiten, denn das wird es tun, wenn du sagst … … *Alle Kränkungen und Demütigungen lösen sich in der Tiefe einfach auf … … Alle Kränkungen und Demütigungen lösen sich in der Tiefe zweifach auf … … Alle Kränkungen und Demütigungen lösen sich in der Tiefe dreifach auf … … Alle Kränkungen und Demütigungen lösen sich in der Tiefe vierfach auf … … Alle Kränkungen und Demütigungen lösen sich in der Tiefe fünffach auf … … Alle Kränkungen und Demütigungen lösen sich in der Tiefe sechsfach auf … … Alle Kränkungen und Demütigungen lösen sich in der Tiefe siebenfach auf … … Alle Kränkungen und Demütigungen lösen sich in der Tiefe achtfach auf … … Alle Kränkungen und Demütigungen lösen sich in der Tiefe neunfach auf … … Alle Kränkungen und Demütigungen lösen sich in der Tiefe zehnfach auf … …* denn dann können Heißhungerimpulse gar nicht mehr entstehen und du bist frei … … *{Nur für Selbsthypnose-Training: … Und wenn du dich selbst in Trance bringst und diese vertieft hast, kannst du dir diese Suggestion selbst zuflüstern … genau so, wie du sie hier und heute gehört hast, indem du zehnmal flüsterst … … Alle Kränkungen und Demütigungen lösen sich in der Tiefe einfach auf … … zweifach, dreifach … … und so weiter, bis du sagst … … Alle Kränkungen und Demütigungen lösen sich in der Tiefe zehnfach auf … So einfach geht das und du kannst es selbst …}* … Jetzt verweile in diesem Gefühl der Freiheit … … Spüre, dass du in deinen Gedanken vollkommen frei bist … … frei, zufrieden und vor allem vollkommen satt… … *[Ca. 20 Sekunden schweigen]* … **+++ Ende Variante 2 +++**

… …*{Nur für Selbsthypnose-Training}* … … *Wenn du zu Hause eine Selbsthypnose machst, gehst du genau so vor, wie du es hier erlebt hast … … Das ist vollkommen einfach und sicher … … Beginne mit dem Bild der roten Rose und stell es dir vor bis du spürst, dass du zur Ruhe kommst … … Dann flüstere dir selbst die Suggestion zu … … Ich entspanne mich einmal, zweimal und so weiter, bis du sagst: Ich entspanne mich zehnmal … … Dann flüsterst du zehnmal deine besondere Suggestion … [Hier noch einmal die Hauptteil-Suggestion wiederholen] … … Dann darfst du ruhen und um wach zu werden, stellst du dir vor, du würdest in eiskaltem Regen stehen und dann sagst du einfach: Ich werde wieder wach – Eins – Zwei – Drei … … Dann kannst du die Augen öffnen und bist wach … … So einfach ist das wirklich … … Es gelingt dir so wie hier und heute … … Du gehst in Trance, befreist dich und wirst ganz einfach wieder wach … …*

Hauptteil 9
Ideomotorik

Ideomotorik bezeichnet das Phänomen, dass unser Körper mit Bewegungen unseren Gefühle und Gedanken folgt. Im Alltag zeigt sich dieses Folgen als Körperhaltung, als Muskelspannung und Bewegungsmuster einer Person, die sich natürlich mit der Stimmungslage und den Gedanken verändern. In Trance können ideomotorische Signale genutzt werden, um Informationen zu erhalten, die der Klient nicht aktiv mitteilen kann. Das Unterbewusstsein kann beispielsweise mit einem vereinbarten Fingersignal Fragen beantworten. Natürlich können ideomotorische Reaktionen auch suggestiv eingesetzt werden, beispielsweise bei Armlevitationen und Katalepsien. Ideomotorik stärkt das Vertrauen in die Hypnose und in die eigene Veränderungsfähigkeit und fördert damit die Therapie.

Zielformulierung und Vorbereitung

… … Du willst heute etwas dafür tun, dass es keine Heißhungeranfälle mehr gibt … … Du hast sie oft erlebt, doch du weißt auch, dass es meist andere Bedürfnisse sind, die sich in vermeintlichem Hunger zeigen … … Bedürfnisse nach Anerkennung oder nach Liebe, vielleicht auch andere, die nur du kennst … … oder du weißt es selbst nicht, doch das Gute ist doch … … Dein Unterbewusstsein weiß alles Wichtige und es kann dir helfen, die Heißhungeranfälle abzuschalten … … In Trance geht das recht einfach und du bist gerade in Trance … … Dein

Unterbewusstsein wird dir sogar bestätigen und beweisen, dass der Heißhunger auf einer ganz tiefen Ebene tatsächlich neutralisiert und abgeschaltet wurde ... ... Ich zeige dir, wie das geht ... ... Vielleicht bist du schon ganz gespannt darauf, wie das funktioniert, dass dein Unterbewusstsein dir ein richtiges Zeichen gibt ... ... eines, das du erkennen und überprüfen kannst ... ... Das kannst du heute erleben, schon in wenigen Minuten ist es soweit ... ... Also los ... ...

Visualisierung des Zielzustandes

... ... Veränderungen können immer dann geschehen, wenn es uns gelingt, ein klares Bild von unserem Ziel aufzubauen und aufrecht zu halten ... ... und dieses klare Bild des Zieles kann dann wirken ... ... prägt sich so tief ein, dass daraus die nächste Wahrheit in unserem Leben entsteht ... ... und du willst die Wahrheit eines Lebens ohne Heißhungerattacken entstehen lassen ... ... Es kommt also jetzt darauf an, ein klares Bild von deinem Ziel zu haben ... ... ein klares Bild von einem normalen und gesunden Essverhalten, mit Maß und mit Langsamkeit ... ... mit kleinen Portionen und mit Genuss ... ... Stell dir das also vor und konzentriere dich ganz intensiv auf diese Vorstellung ... ... Stell dir vor, du beobachtest dich selbst bei genussvollem, gemütlichem Essen, ohne Heißhunger ... ... und bleibe mit Konzentration bei dieser bildhaften Vorstellung ... ...

59

Ideomotorische Kontrolle (Feedback)

… … Bleibe jetzt ganz in diesem Bild … … Stell es dir vor wie ein Foto oder wie ein Standbild eines Videos … … und genau dieses Bild soll deine Zukunft prägen … … denn so soll es sein und bleiben … … so willst du mit dir selbst umgehen … … mit Selbstachtsamkeit … … mit Selbstrespekt … … mit Respekt für deinen Körper und deine Gefühle … … mit respektvollem Essen … … Je mehr es dir gelingt, dieses Bild aufrecht zu halten und vor deinem inneren Auge zu sehen, umso besser kann dein Unterbewusstsein dieses Bild zu deiner nächsten Wahrheit machen … … und sobald dein Unterbewusstsein das geschafft hat, und es wird das schaffen, schließt sich deine rechte Hand zur Faust … … als Zeichen, dass du dieses innere Bild wirklich halten kannst und Wahrheit daraus wird … … Dein Unterbewusstsein wird dir zeigen, wann es soweit ist, wann es das für dich so übernommen hat … …

+++ Variante 1: Heißhunger, allgemein +++

… … Je länger du dich auf das Bild des normalen und respektvollen Essens und der Selbstachtung konzentrierst, umso mehr schließt sich deine rechte Hand zur Faust für ein Ende des Heißhungers … … Schritt für Schritt schließt sich deine rechte Hand zur Faust für ein Ende des Heißhungers und sobald sie geschlossen ist, ist dein Ziel zur neuen Wahrheit in deinem Leben geworden … … Dein Unterbewusstsein wird es tun, es schließt deine Hand und sagt dir damit, dass du ab sofort nur zu den Mahlzeiten Hunger verspüren wirst … … etwas Hunger nur, ganz normal … … Heißhunger wird jetzt in der Tiefe neutralisiert und abgeschaltet … … Dein Unterbewusstsein lügt nicht … … Es hält seine Zusage … … Deine Hand schließt sich zur Faust … … und du bist am Ziel … …

+++ Ende Variante 1 +++

+++ Variante 2: Heißhunger bei Kränkungen +++

… … Je länger du dich auf das Bild des normalen und respektvollen Essens und der Selbstachtung konzentrierst, umso mehr schließt sich deine rechte Hand zur Faust … … Schritt für Schritt schließt sich deine rechte Hand zur Faust und sobald sie geschlossen ist, hat sich dein ganzer Organismus darauf eingestellt, gerade bei Kränkungen und Demütigungen innere Lasten innen zu verarbeiten … … mit Selbstliebe … … Heißhunger wird damit überflüssig, denn du weißt jetzt, dass du Liebe brauchst … … und die bekommst du von dir selbst als echte Selbstliebe … … Dein Unterbewusstsein macht das für dich, es schließt deine Hand und sagt dir damit, dass es jetzt endlich dazu bereit ist, Kränkungen und Schmerzen konstruktiv in deiner inneren Mitte zu verarbeiten … … und Heißhunger abzuschalten … … ein für allemal … … Dein Unterbewusstsein zeigt dir mit dem Schließen der Hand, dass jetzt der Punkt der endgültigen Verabschiedung des Heißhungers gekommen ist … … Dein Unterbewusstsein lügt nicht … … Es hält seine Zusage … … Deine Hand schließt sich zur Faust … … und du bist am Ziel … …

+++ Ende Variante 2 +++

[Probieren Sie bitte, geduldig zu sein, bis sich die Hand schließt. Ideomotorische Signale sind verlässliche Zeichen, ähnlich wie kinesiologische Muskeltests. Hier arbeiten wir mit einer Mischung aus suggestiver Aufforderung und ideomotorischer Kommunikation. Wenn Sie wiederholt sagen … Deine Hand schließt sich zur Faust … hat das suggestive Wirkung und die ideomotorische Reaktion erfolgt. Durch die Unterstellung, dass damit guter Schlaf verbunden ist, erfolgt eine Koppelung im Unbewussten. Das Unterbewusstsein bestätigt damit gleichzeitig den guten Schlaf. Könnte es den guten Schlaf nicht herstellen, wäre es nicht sinnhaft, die Hand zu schließen. Sollte das Schließen also nur aufgrund der Suggestion erfolgen, ist das für den Verstand dennoch ein Beweis der Wirkung, da es so „vereinbart" war. Ist der Verstand überzeugt, ist das Ziel fast erreicht].

Lösen der Ideomotorik

… … Dein Unterbewusstsein hat das Bild verankert und daher wirst du ab sofort nur noch gewöhnlichen Hunger zu den Mahlzeiten verspüren und dann ein gesundes, langsames und ausgewogenes Essverhalten bevorzugen … … Deine Hand wird nun wieder ganz beweglich und du kannst sie öffnen … … Dein Unterbewusstsein übergibt dir wieder ganz und gar die Kontrolle der Hand, die sich gut anfühlen darf … … Du kannst es überprüfen … … Bewege dein Hand oder auch beide und auch deine Finger und überprüfe, dass deine Hände ganz und gar deiner bewussten Kontrolle unterliegen … …

[Überzeugen sie sich immer davon, dass der Klient seine Hände und Finger wieder unter bewusster und aktiver Kontrolle hat und bewegen kann. Lassen Sie ihn daher aktiv probieren. Sollte es nicht gehen, helfen Sie mit weiteren Suggestionen … Deine Hände und Finger entspannen sich total, sind ganz locker. Ganz, ganz locker sind deine Hände und Finger … Du kannst sie bewegen …]

Festigung

… … Dein Unterbewusstsein hat mit dir gemeinsam dein Ziel erreicht … … Du hast mit deiner bildhaften Vorstellung geholfen und dein Unterbewusstsein mit dem Verankern des Bildes und mit dem Feedback der geschlossenen Faust als Beweis, dass du dich ab sofort wirklich wie von selbst auf deine Ziele und Pläne konzentrierst und sie täglich und damit dauerhaft erreichst … … Ist es nicht gut, dass dieser Beweis in Trance möglich ist? … … Ja, das ist gut … … Das ist wirklich gut, denn du weißt, dass du heute erfolgreich warst und dass du erfolgreich bleibst … …

Hauptteil 10

Ich-Suggestion, introspektiv (klassisch)

Direkte Suggestionen können leicht abgelehnt werden. Doch sie können auch hochwirksam sein, wenn sie richtig eingebettet werden. Es kommt darauf an, Bedingungen zu schaffen, die dazu führen, dass die Suggestionen bereitwillig angenommen werden. Hierfür ist vor allem der erste Abschnitt des Hauptteiles wichtig. Außerdem kann mit analogem Markieren gearbeitet werden. Hier stelle ich eine alternative und sehr wirksame Vorgehensweise vor, die mit sehr einfach erscheinenden Suggestionen arbeitet, ähnlich einer insistierenden Suggestion. Warum aber werden solch „einfache" Suggestionen tatsächlich angenommen? Weil es sich hierbei um eine Art Innenschau (Introspektion) handelt. Es geht zwar um das jeweilige Thema des Klienten/Patienten, doch es wird ausschließlich mit den drei Aspekten Selbstannahme, Selbstvergebung und Selbstliebe gearbeitet. Den meisten Menschen fällt es gar nicht so leicht, sich selbst vorbehaltlos anzunehmen oder gar sich selbst zu lieben. Doch der Wunsch danach liegt wohl in jedem Menschen, zumindest in jedem, der noch Hilfe aufsucht. Das insistierende Wiederholen einer Hauptsuggestion pro Abschnitt ist wie eine sich ständig wiederholende Erlaubnis, sich ganz um sich selbst zu kümmern. In vielen Fällen lohnt es sich, eine solche Hypnose in der ersten oder zweiten Sitzung zu machen um den weiteren Weg der Therapie zu begünstigen. Übrigens kann auch eine „neutrale" Version angeboten werden, die sich themenunabhängig mit Selbstannahme, Selbstvergebung und Selbstliebe beschäftigt. Erfolgreiche Selbstliebe ist die beste Basis für jede konstruktive Weiterentwicklung. Wie so oft gilt hier: Probieren Sie es aus und lassen Sie sich von der Wirkung einer so „einfachen" Vorgehensweise überraschen!

Vorbereitung

... ... Du weißt, wie das ist ... Heißhunger kommt plötzlich und dann hast du sehr schnell und sehr viel gegessen, oft Süßes ... ... Du hast es ja selbst so erlebt ... Das Essen war dann wie ein Zwang, weil du den Heißhunger irgendwie stillen wolltest ... ... Du hast auch schon versucht, das zu ändern und irgendwie da rauszukommen, die Essattacken zu beenden und ein normales und gesundes Essverhalten aufzubauen ... ... Bislang konnte es noch nicht gelingen, doch heute ist ein neuer Tag ... ... und an jedem neuen Tag kannst du das schaffen, was nun an der Reihe ist ... ... und heute ist dein Ziel an der Reihe ... ... Heute kannst du die Essattacken und den Heißhunger beenden ... ... denn heute machst du es einfach einmal anders als bisher ... ... Das ist heute auch viel einfacher, denn du musst nur innerlich bereit sein für eine echte Veränderung ... ... Das ist dein Tag ... ... der tag der echten Veränderung ... ... Du weißt, dass jede Veränderung tief in dir selbst entsteht und dort wächst und sich entfaltet ... ... Es geht immer von innen nach außen ... ... über Selbstrespekt und Selbstliebe zum Ende der Essattacken ... ... Das ist dein Weg ... ... Das ist dein Weg der Befreiung ... ... Das ist dein Weg des Neubeginns ... ... Du gehst ihn mit und in deinen Gedanken und mit und in deinen Gefühlen ... ... Du sprichst zu dir selbst, zu deinem tiefsten Innern ... ... Du weißt, wer du bist und was du kannst ... ... Also ist es besonders wichtig, dass *du zu dir selbst sagst* ... ...

Selbstannahme / Selbstakzeptanz

… … Ich nehme die vergangene Zeit der Heißhungeranfälle als Erfahrung an … …

… … weil ich weiß, dass dies mein Weg des inneren Friedens ist … …

… … *{ca. 5-10 Sekunden schweigen}* …

… … Ich nehme die vergangene Zeit der Heißhungeranfälle als Erfahrung an … …

… … weil ich weiß, dass jede Erfahrung ein wichtiger Teil von mir ist … …

… … *{ca. 5-10 Sekunden schweigen}* …

… … Ich nehme die vergangene Zeit der Heißhungeranfälle als Erfahrung an … …

… … weil ich weiß, dass ich mit Selbstrespekt jede Essstörung überwinde … …

… … *{ca. 5-10 Sekunden schweigen}* …

… … Ich nehme die vergangene Zeit der Heißhungeranfälle als Erfahrung an … …

… … weil ich weiß, dass ich Hand in Hand mit mir selbst neu beginnen kann … …

… … *{ca. 5-10 Sekunden schweigen}* …

… … Ich nehme die vergangene Zeit der Heißhungeranfälle als Erfahrung an … …

… … weil ich weiß, dass ich es mir wirklich wert bin, in innerem Frieden zu leben … …

… … *{ca. 5-10 Sekunden schweigen}* …

Selbstvergebung / Selbstverzeihen

+++ Variante 1: Heißhunger, allgemein +++

… … Ich vergebe mir, dass ich mich noch nicht vom Heißhunger befreien konnte … …

… … weil mir klar ist, dass Schuldgefühle mich nur unsinnig belasten würden … …

… … *{ca. 5-10 Sekunden schweigen}* …

… … Ich vergebe mir, dass ich mich noch nicht vom Heißhunger befreien konnte … …

… … weil mir klar ist, dass ich erst jetzt an dem Punkt der Befreiung stehe … …

… … *{ca. 5-10 Sekunden schweigen}* …

… … Ich vergebe mir, dass ich mich noch nicht vom Heißhunger befreien konnte … …

… … weil mir klar ist, dass es keine überflüssigen Erfahrungen gibt … …

… … *{ca. 5-10 Sekunden schweigen}* …

… … Ich vergebe mir, dass ich mich noch nicht vom Heißhunger befreien konnte … …

… … weil mir klar ist, dass alle Erfahrungen mich ausmachen und mich stärker machen … …

… … *{ca. 5-10 Sekunden schweigen}* …

… … Ich vergebe mir, dass ich mich noch nicht vom Heißhunger befreien konnte … …

… … weil mir klar ist, dass ich damit wieder im Einklang mit mir selbst bin … …

… … *{ca. 5-10 Sekunden schweigen}* … **+++ Ende Variante 1 +++**

+++ Variante 2: Heißhunger bei Kränkungen +++

… … Ich vergebe mir, dass ich mich bei Angriffen von außen selbst beschuldigt habe … …

… … weil mir klar ist, dass Schuldgefühle mich nur unsinnig belasten würden … …

… … *{ca. 5-10 Sekunden schweigen}* …

… … Ich vergebe mir, dass ich mich bei Angriffen von außen selbst beschuldigt habe … …

… … weil mir klar ist, dass ich mich auch mit dem Essen nur bestraft habe … …

… … *{ca. 5-10 Sekunden schweigen}* …

… … Ich vergebe mir, dass ich mich bei Angriffen von außen selbst beschuldigt habe … …

… … weil mir klar ist, dass Heißhunger nur Ausdruck meiner Schuldgefühle war … …

… … *{ca. 5-10 Sekunden schweigen}* …

… … Ich vergebe mir, dass ich mich bei Angriffen von außen selbst beschuldigt habe … …

… … weil mir klar ist, dass alle Erfahrungen mich ausmachen und mich stärker machen … …

… … *{ca. 5-10 Sekunden schweigen}* …

… … Ich vergebe mir, dass ich mich bei Angriffen von außen selbst beschuldigt habe … …

… … weil mir klar ist, dass ich damit wieder im Einklang mit mir selbst bin … …

… … *{ca. 5-10 Sekunden schweigen}* …

+++ Ende Variante 2 +++

Selbstliebe

... ... Ich kümmere mich nun liebevoll um mich selbst ... ...

... ... mit der tiefen Zuversicht, dass ich mir selbst wirklich liebevoll begegnen kann ... ...

... ... *{ca. 5-10 Sekunden schweigen}* ...

... ... Ich kümmere mich nun liebevoll um mich selbst ... ...

... ... mit der tiefen Zuversicht, dass ich mir selbst wirklich näher komme ... ...

... ... *{ca. 5-10 Sekunden schweigen}* ...

... ... Ich kümmere mich nun liebevoll um mich selbst ... ...

... ... mit der tiefen Zuversicht, dass ich mich selbst wirklich finde ... ...

... ... *{ca. 5-10 Sekunden schweigen}* ...

... ... Ich kümmere mich nun liebevoll um mich selbst ... ...

... ... mit der tiefen Zuversicht, dass Selbstliebe mich vom Heißhunger befreit ... ...

... ... *{ca. 5-10 Sekunden schweigen}* ...

... ... Ich kümmere mich nun liebevoll um mich selbst ... ...

... ... mit der tiefen Zuversicht, dass jetzt ein neuer Lebensabschnitt beginnt ... ...

... ... *{ca. 5-10 Sekunden schweigen}* ...

Übergang

*… … [Sofern ein Hauptteil in Ich-Form verwendet wurde, bitte mit einem Satz zur Du-Form zurück-kehren: … … **Die Stimme, die ich jetzt höre, ist die Stimme meines Therapeuten und alle kommenden Worte wird er für mich sprechen.**] … {ca. 5-10 Sekunden Pause} … …*

… … Nun ist es an der Zeit, diese Hypnose erfolgreich abzuschließen … … erfolgreich, weil du dein Ziel schon erreicht hast … … Du willst den Heißhunger für immer beenden, ihn abschalten … … und dafür ist eine sichere und überzeugte Grundhaltung erforderlich … … und genau die hast du eingenommen und damit erfolgreich erreicht … … für ein Ende der Hungerabfälle, für ein gesundes Essverhalten mit Augenmaß und Selbstrespekt… …

*… … [Sofern mit Körpersignalen bzw. Ideomotorik gearbeitet wurde, sollten die betreffenden Suggestionen zurückgenommen werden … **Du hast die volle Kontrolle über deinen Körper, alle Körperteile bewegen sich nach deinem aktiven und bewussten Willen** …] … …*

… … Also kannst du nun wieder wach werden, denn du willst ja deine neue Stärke und dein neues Selbstbewusstsein auch ausleben … … Folge meiner Stimme, ich führe dich jetzt wieder zurück … …

Ausleitung

… … Jetzt wecke ich dich auf … … Nichts ist leichter als das … … Du warst ja die ganze Zeit über wach, nur eben in Trance … … Also beenden wir einfach die Trance und dann hast du auch wieder das Gefühl, vollkommen wach zu sein … … Trance kannst du in … *Fünf* … einfachen Schritten beenden … … Also zähle ich für dich bis … *Fünf* … und dann bist du wach … … Wahrscheinlich hörst du meine Stimme gleich deutlicher und lauter … … Das liegt daran, dass du wacher wirst … … Also los … …

… … *Eins* … … *[von Zahl zu Zahl, die Lautstärke etwas steigern]* … …

… … *Zwei* … … *Drei* … … *Vier* … … *Fünf* … …

… … Das war's schon … … Du bist wach … … Mach die Augen auf … …

Buchreihen: Zehn Hypnosen / Hypnosetexte für Coaching und Therapie / Zehn Fantasiereisen

Band 1: Raucherentwöhnung

Band 2: Angst und Unruhezustände

Band 3: Burn Out

Band 4: Übergewicht reduzieren

Band 5: Vergangenheitsbewältigung

Band 6: Suizidgedanken und Suizidversuche

Band 7: Psychoonkologie

Band 8: Zwänge und Tics

Band 9: Selbstvertrauen und Entscheidungen

Band 10: Trauerarbeit

Band 11: Psychosomatik

Band 12: Chronische Schmerzen

Band 13: Depressive Gedanken

Band 14: Panikanfälle

Band 15: Häusliche Gewalt, Opferbegleitung

Band 16: Posttraumatischer Stress

Band 17: Prüfungsangst und Lampenfieber

Band 18: Anti-Gewalt-Training, Täterbegleitung

Band 19: Suchttendenzen

Band 20: Soziale Phobie und Kontaktangst

Band 21: Fingernägel kauen

Band 22: Selbstachtsamkeit und Selbstliebe

Band 23: Zähneknirschen und Nachtbeißen

Band 24: Schuldgefühle

Band 25: Angst in Menschenmengen

Band 26: Flugangst, Aviophobie

Band 27: Angst in engen Räumen, Klaustrophobie

Band 28: Tinnitus, Ohrgeräusche

Band 29: Höhenangst

Band 30: Neurodermitis

Band 31: Die innere Mitte finden

Band 32: Einsamkeit überwinden

Band 33: Angst vor Krankheit, Hypochondrie

Band 34: Erwartungsangst, Angst vor der Angst

Band 35: Eifersucht in der Partnerschaft

Band 36: Autofahren und Angst

Band 37: Neustart nach Trennung

Band 38: Angst vor Spritzen

Band 39: Herzangstneurose

Band 40: Groll und Zorn überwinden

Band 41: Blockadenlösung und positives Denken

Band 42: Stressreduzierung, Stressverarbeitung

Band 43: Körperentspannung

Band 44: Tiefenentspannung

Band 45: Angst im Dunkeln

Band 46: Einschlafen und Durchschlafen

Band 47: Kaufsucht

Band 48: Restless Legs, Unruhige Beine

Band 49: Bulimie

Band 50: Anorexie

Band 51: Albträume überwinden

Band 52: Dysmorphophobie, eingebildete Entstellung

Band 53: Misstrauen überwinden, Vertrauen finden

Band 54: Misserfolge verarbeiten

Band 55: Erniedrigung, seelische Kränkung

Band 56: Quälendes Mitleid, Stellvertretendes Leiden

Band 57: Selbstvergebung

Band 58: Ich-Bewusstsein, Selbstbewusstsein

Band 59: Nein sagen

Band 60: Durchsetzungskraft

Band 61: Abgrenzung und Selbstbehauptung

Band 62: Entscheidungskraft

Band 63: Erfolgsausrichtung

Band 64: Grübeln, Gedankenkreisen

Band 65: Schwangerschaft annehmen

Band 66: Geburtsvorbereitung

Band 67: Spirituelle Öffnung

Band 68: Lebensfreude und innere Leichtigkeit

Band 69: Geduld und innere Ruhe

Band 70: Fibromyalgie und Rheuma

Band 71: Reizdarmsyndrom, Morbus Crohn

Band 72: Angst vor Übelkeit, Emetophobie

Band 73: Stottern und Poltern, Redeflussstörungen

Band 74: Konzentration und Wissensverankerung

Band 75: Vitalität und Spontaneität

Band 76: Sinnsuche und Zielfindung

Band 77: Lebenskrisen, Life events

Band 78: Workaholic, Zielverbissenheit

Band 79: Helfersyndrom, hilflose Helfer

Band 80: Medikamentenmissbrauch

Band 81: Spielleidenschaft, Spielsucht

Band 82: Internetsucht, Smartphonesucht

Band 83: Sammelleidenschaft, Messiesyndrom

Band 84: Verschwörungsgedanken, überwertige Ideen

Band 85: Angst vor Operationen und Behandlung

Band 86: Angst vorm Älterwerden

Band 87: Reiseangst

Band 88: Angst beim Wasserlassen, Paruresis

Band 89: Angst vor Nähe und Zweisamkeit

Band 90: Angst vor dem Erröten

Band 91: Outing bei Homosexualität

Band 92: Charismatraining

Band 93: Migräne und chronische Kopfschmerzen

Band 94: Allergie überwinden, Asthma bronchiale

Band 95: Blutdruck normalisieren

Band 96: Zwanghafter Perfektionismus

Band 97: Sporthypnosen (Freizeit), Motivation

Band 98: Sporthypnosen (Freizeit), Leistungssteigerung

Band 99: Zielstrebigkeit und Fokussierung

Band 100: Dem inneren Kind begegnen

Band 101: Heißhungeranfälle, Essattacken

Band 102: Stoffwechsel anregen

Band 103: Bipolare Stimmungswechsel

Band 104: Borderline, Identitätskrisen

Band 105: Hypomanie, Euphorie, Manie

Band 106: Getriebenheit, Agitiertheit

Band 107: Nervenzusammenbruch

Band 108: Anpassungsstörungen

Band 109: Selbstentfremdung, Depersonalisation

Band 110: Selbstmitleid beenden

Band 111: Primärer Krankheitsgewinn

Band 112: Sekundärer Krankheitsgewinn

Band 113: Mobbing, Opferbegleitung

Band 114: Neid und Missgunst loslassen

Band 115: Angst vor Spinnen, Arachnophobie

Band 116: Angst vor Hunden oder Katzen

Band 117: Angst vor Fremden, Xenophobie

Band 118: Übertriebene Sorgen, Generalisierte Angst

Band 119: Verantwortungsgefühl stärken

Band 120: Unerfüllte Liebe, Liebeskummer

Band 121: Work-Life-Balance

Band 122: Unerreichbare Ziele loslassen

Band 123: Hilfe zulassen und annehmen können

Band 124: Erwachsene Kinder loslassen

Band 125: Tourette-Syndrom

Band 126: Lebensumbrüche und Neustart

Band 127: Leben im Rollstuhl annehmen

Band 128: Heimweh verstehen und überwinden

Band 129: Fernweh verstehen und überwinden

Band 130: Drehschwindel, Morbus Menière

Band 131: Aggression überwinden

Band 132: Ritzen und Selbstverletzungen

Band 133: Haareausreißen, Trichotillomanie

Band 134: Wochenbettdepression

Band 135: Für Angehörige Demenzkranker

Band 136: Supervision für helfende Berufe

Band 137: Supervision für Hospizberufe

Band 138: Rückfallvorbeugung Depression

Band 139: Reaktive Psychosen, Nachlese

Band 140: Zwangsgedanken und Zwangsimpulse

Band 141: Kontrollzwang

Band 142: Zählzwang, Symmetriezwang

Band 143: Waschzwang, Reinheitszwang

Band 144: Zwanghaftes Nachfragen

Band 145: Dissoziative Lähmungen

Band 146: Phantomschmerzen

Band 147: Sterbebegleitung

Band 148: Arbeit mit Eltern von Sternenkindern

Band 149: Sexueller Missbrauch, Opferbegleitung

Band 150: Stark sein gegen Sexismus, #metoo

... Weitere folgen ...

Alle Bücher des Autors im Überblick auf

www.ingosimon.com

Printed in Poland
by Amazon Fulfillment
Poland Sp. z o.o., Wrocław

35913158R00045